Paris

LES SUITES

D'UNE CAPITULATION

Brux. — Imp. Th. Lombaerts.

LES SUITES

D'UNE

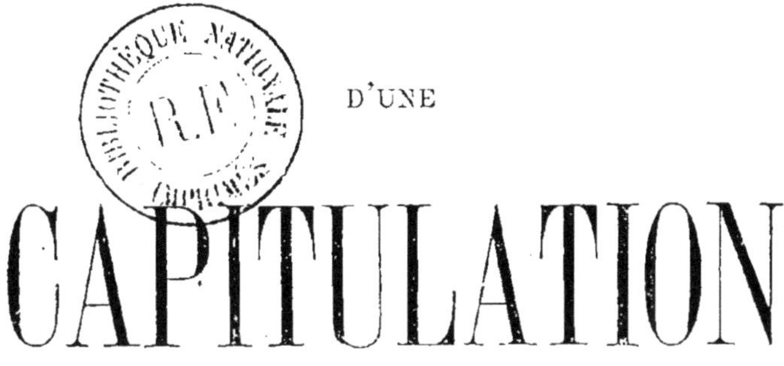

CAPITULATION

RELATIONS DES CAPTIFS DE BAYLEN

et de la glorieuse retraite du 116e régiment.

Extraits choisis

PAR LORÉDAN LARCHEY

PARIS

—

1884

INTRODUCTION

La capitulation de Baylen est connue, mais elle n'est qu'un prologue ; le drame épouvantable qui la suit semble avoir été laissé volontairement en oubli.

On dirait qu'il en est de certains faits comme de certaines blessures qui font mal à voir ; le regard n'ose s'y attacher. Autant nous aimons le souvenir des jours heureux, autant nous repoussons celui des mauvais. Pour moi tout le premier, il fut un temps où l'histoire de France finissait avec l'année 1811. Dès les préparatifs de la campagne de Russie, je fermais mon livre bien vite ; je savais que la grande armée avait été anéantie et c'était bien assez. Je n'ignorais pas non plus qu'il avait suffi du désastre de Waterloo pour annuler toutes les conquêtes de l'Empire et de la République, mais la seule idée d'en lire les détails me causait un malaise, une répugnance invincibles.

Bien d'autres ont éprouvé dans leur première jeunesse ces appréhensions nerveuses, et n'ont senti que plus tard la nécessité de tout connaître pour mieux juger. On ne possède point l'histoire des nations tant qu'on s'en tient aux belles pages; l'étude de leurs revers peut seule livrer le moyen d'en prévenir le retour. Sans l'espoir de telles leçons, à quoi servirait-il de revenir sur tant de menus détails! Je ferais fi du passé si sa connaissance exacte n'était autre chose que la satisfaction d'un mouvement de curiosité.

Ainsi, les maux inouïs amenés par la journée de Baylen donnent le droit d'affirmer qu'en rase campagne une résistance désespérée est souvent préférable à une capitulation. Et cela non-seulement au point de vue de l'honneur national, mais encore à celui de la préservation des existences qu'on voudrait sauver. Sur les dix-neuf mille hommes des trois divisions que le général Dupont laissa désarmer, c'est tout au plus s'il revint en France trois mille hommes, c'est-à-dire à peine *un sur six* (1).

Le reste expira dans des tourments dont le souvenir seul devait assombrir à jamais les rares survivants. Je ne me livre pas ici à la moindre exagération. Le *cauchemar de Baylen* fut bien une maladie; un médecin la caractérisait ainsi, il y a juste cinquante ans, en 1834 :

“ Pauvres prisonniers de Baylen ! Ceux qui ne succombèrent pas ne sauraient croire aujourd'hui, en se reportant à leurs impressions de cette époque, que la vie dont ils jouissent ne soit pas un rêve. Et quand un cauchemar les oppresse, soyez sûr qu'alors leur imagination frappée les replonge dans l'abîme. Ce cauchemar chronique est comme un dernier reflet de leur malheur ; il se reproduit comme une véritable infirmité de l'âme qui sent se rouvrir ses blessures. Il n'est guère d'anciens prisonniers des pontons de Cadix qui ne puissent déposer de la réalité d'un tel phénomène. „

Nous allons assister au drame qui laissa des

(1) Les effectifs précis sont difficiles à déterminer. Je donne ici les chiffres qui m'ont paru les moins exagérés. Voyez pages 142, 201 et 202.

traces si profondes. On peut le diviser en trois actes.

La scène du premier est la route de Baylen à Cadix sur laquelle une partie de nos soldats captifs tombent égorgés, ou, pour parler plus exactement, écartelés par la multitude.

Au second acte nous sommes sur les pontons de Cadix où l'œuvre de destruction continue sous la forme épidémique. Ici les bourreaux n'ont plus le couteau à la main; ils se contentent d'atteindre leurs victimes par le manque calculé de tout ce qui est indispensable à la vie; ils laissent agglomérés, sans secours ni séparation d'aucune sorte, d'effroyables entassements de malades, de morts et de vivants.

Les quatorze mille hommes restant soumis à cette seconde épreuve, étaient réduits, le 3 avril 1809, à *cinq mille cinq cents* qu'on déporte sur les rocs de Cabréra, où les rejoindront plus tard trois mille autres prisonniers faits sur divers points de l'Espagne. Ici, nous sommes en face du dernier tableau ; il est digne des deux autres. La famine,une famine préméditée,achève ces tristes victimes et tue encore un homme sur trois.

Enfin la paix de 1814 est conclue, et deux frégates françaises viennent recueillir les deux mille spectres dénudés qui se traînent encore sur le rivage (1).

Voilà tout ce qui restait de l'armée que le général Dupont prétendait sauver.

Cette prétention, il l'affirmait encore en 1823, dans une justification où ne manquent ni les longues phrases ni les grands mots :

" Lorsque, disait-il, la force des circonstances et la nécessité de la guerre m'ont obligé de traiter avec l'ennemi, pour rendre à la France des troupes que la faiblesse et l'épuisement rendaient incapables d'agir, et dont l'honneur était défendu et couvert par le courage avec lequel elles avaient soutenu le plus violent combat, ce n'est pas sans effort sur moi-même que j'ai cédé à ces considérations. *J'ai senti le sacrifice que je faisais à ces braves soldats...* "

A ceux qui auront le courage de lire jusqu'au

---

(1) Sur ces deux mille, c'est tout au plus même si moitié provenait du corps d'armée de Dupont, car les prisonniers qu'on leur avait joints plus tard souffrirent moins et résistèrent mieux. Mais il faut tenir compte de ceux qui se laissèrent recruter ou qui passèrent sur les pontons anglais. Voir le calcul de la page 201.

bout les *Relations des captifs* (1) *de Baylen*, nous laissons le soin de dire de quel côté fut le sacrifice.

Sans toucher au côté stratégique de la question, on demeure étonné qu'un général chargé de réduire une province soulevée, n'ait conçu aucun doute sur l'exécution du traité conclu avec les chefs de l'armée insurrectionnelle. Les premiers massacres de nos blessés n'avaient-ils pas déjà donné à la guerre un caractère qui pouvait faire tout craindre pour la sécurité de soldats désarmés ? C'était en vérité trop de confiance, et la violation de la capitulation le prouva bientôt.

On peut s'étonner également des raisons équivoques par lesquelles le général Dupont repousse l'accusation d'avoir compromis son armée, en la laissant alourdie et embarrassée par le pillage. Tandis que la première de nos relations (page 1) dit nettement qu'un seul bataillon faisait traîner après lui cinquante chariots, le général déclare

(1) Je leur ai donné le nom de *captifs* et non celui de *prisonniers*, parce que les traitements dont ils ont été victimes n'ont rien de commun avec le régime des prisonniers de guerre.

de telles allégations contraires à la réalité des faits parce que " le colonel de gendarmerie avait l'ordre de faire briser les voitures excédant le nombre réglementaire, qui était d'*une voiture par général, et par colonel et par chef de service* et deux voitures par bataillon. „

Mais cet ordre fut-il exécuté ?

Voilà ce que Dupont avait le devoir d'ajouter, et ce qu'il n'ajoute pas.

Je pourrais trouver une contradiction de plus dans le texte de l'article 11 de la capitulation qui dit : " MM. les officiers généraux conserveront chacun *une voiture et un fourgon ; MM. les officiers supérieurs et l'état-major une voiture* seulement, *sans être soumis à aucun examen*, mais sans contrevenir aux règlements et lois du royaume. „

On voit qu'il n'est plus question ici de *colonels*, ni de *chefs de service*. Puis, si l'examen ne devait pas être fait, pourquoi parler de *contravention aux lois ?* Cette apparente contradiction ne s'explique que trop par la lecture de l'article 15, qui dit : " Comme dans plusieurs endroits, notamment à l'assaut de Cordoue, plusieurs soldats, malgré les soins de MM. les officiers généraux et les ordres de MM. les officiers, se sont portés à des excès qui sont une suite inévitable des assauts, MM. les officiers généraux et autres prendront les mesures nécessaires *pour découvrir les vases sacrés qui peuvent avoir été enlevés,* et les rendre s'ils existent. „

Malgré certaines réticences dans la forme, on ne peut méconnaître ici un de ces aveux que doit repousser bien loin tout chef soucieux de l'honneur de son armée.

La punition du général Dupont ne devait point se faire attendre. Assailli par le peuple au moment de son embarquement, il vit piller les fourgons réservés de son état-major, et courut le risque d'être assassiné. Toutes les faveurs du gouvernement de la Restauration ne purent adoucir le reste de sa vie. Il lui fallut jusqu'à la fin défendre son honneur, repousser les imputations par d'autres imputations, discuter les responsabilités, s'embarrasser dans les subtilités d'une polémique difficile, rappeler à chaque instant les traits glorieux de son passé comme circonstances atténuantes du désastre qui semblait les avoir effacés tous.

Triste rappel quand on est obligé de le faire

soi-même, et rappel inutile en ce sens qu'il ne prouve rien ! Savoir commander dans une bataille est autre chose que savoir mener une campagne à bonne fin. Mais ce que le général Dupont pouvait faire, c'était partager la captivité de ses soldats, quand il vit sa bonne foi trahie. Du moins, on eût plaint en lui le prisonnier volontaire ; on ne pardonna pas au chef qui, seul avec son état-major, bénéficia d'une capitulation violée pour le reste de l'armée.

Après avoir parlé du drame, il est temps de présenter les acteurs, c'est-à-dire les témoins de tout rang qui nous en ont transmis le souvenir. Ils seraient trop nombreux, si le nombre pouvait être un défaut quand il s'agit d'arriver à la preuve de faits peu croyables par la concordance et par la multiplicité des témoignages. Devant une enquête historique comme devant un tribunal, il faut, avec chaque déposition, recommencer un peu la même histoire. Mais celle qui nous occupe est si peu connue ; elle est en même temps si terrible que le risque de la monotonie n'est point à craindre.

J'ai donc tenu à les faire parler tous ou presque tous, en me contentant d'un travail d'abréviation qui avait ses délicatesses. Il ne m'eût pas été plus difficile d'en tirer la substance d'un récit unique. En apparence, mais en apparence seulement, le lecteur y aurait vu plus clair du premier coup, et du rang de simple éditeur je serais monté sans peine à celui d'auteur. D'autre part, il m'eût fallu sacrifier certaines variantes et renoncer au système de publication adopté pour les deux volumes précédents, le seul à mon sens qui convienne à un tel genre de recherches. Aussi n'ai-je rien ajouté ni changé, me bornant au choix des extraits, et à la suppression des mots inutiles.

Les auteurs cités ici sont au nombre de neuf... J'ai négligé deux relations réellement intéressantes, mais dont les dimensions étaient trop considérables pour mon cadre. L'une est intitulée : *les Cabrériens;* elle fut publiée par M. Froger en 1849, à la librairie Amyot. L'autre, plus ancienne en date, est restée pleine de verve et d'esprit. Je veux parler des *Mémoires d'un apothicaire en Espagne* dont l'auteur anonyme était un frère de Castil-Blaze. Sauf quelques notes intéressantes, je n'ai point reproduit non plus le

Journal d'un sergent-major publié par nous dans le *Monde illustré* de l'année 1867.

La première des œuvres qui m'ont fourni des extraits est celle du docteur Treille ; elle dit beaucoup en quelques mots pleins de cœur. Je crains qu'il n'y ait des restrictions à faire au sujet de ses chiffres. Ainsi l'effectif de la division combattant à Baylen qu'il porte à neuf mille hommes, aurait été de quatre mille cinq cents, s'il faut en croire le témoignage d'un officier de voltigeurs de la garde de Paris qui fut aussi présent à l'action. Par contre, Treille ne parle que de cinq cents blessés, tandis que le même officier parle de quinze cents tués et blessés, ce qui ferait au moins un millier de blessés d'après les proportions ordinaires. Mais il est bon de faire observer que cet officier écrit sous la Restauration et semble ménager le général Dupont, tandis que le docteur, qui écrit au moins une quarantaine d'années après, use librement du procédé contraire. En prenant une moyenne, on serait donc plus près de la vérité. Mais où le docteur est réellement intéressant, c'est au point de vue technique ; il montre le premier ce qu'on a dit depuis comme une chose nouvelle, c'est qu'un blessé guérit mieux en plein air qu'à l'hôpital.

Le récit d'un aide major de la même division, qui vient ensuite, peut passer pour une étude fort remarquable. Rien de plus juste que ses observations sur le moral des troupes en campagne, sa peinture des malades abandonnés sur les pontons. Bien que cette partie soit englobée dans les *Aventures d'un marin de la garde,* elle ne saurait avoir été fabriquée par un arrangeur. Tout part d'un homme du métier et d'un homme sachant bien observer. La forme est à la hauteur du fond.

J'ai pris le court récit de l'officier de dragons Daubon comme un spécimen des tueries qui attendaient les bandes de captifs dirigées sur Cadix. Bien qu'il soit horrible, il est encore loin d'être le plus affreux; il fera juger du reste.

Les mémoires du timonier Ducor proviennent du même livre que le récit de l'aide major cité plus haut. Il a les mêmes qualités et la même apparence de sincérité. Si Lhéritier de l'Ain, comme le prétend Quérard, y a réellement mis la main, il n'a fait que traduire fidèlement des notes particulières. Un marin seul pouvait lui fournir la substance de certains dialogues et de certaines manœuvres. Une dépêche, datée et signée du maréchal Suchet, montre bien d'ailleurs que le timonier Ducor n'est pas un personnage fictif. Mille autres détails contribuent à le prouver, pour ne citer que la page 48, où paraît un scorbutique dont la tête de mort semble détachée d'une scène de l'antique danse macabre; elle reste inoubliable. De même pour les détails du supplice sans nom qu'éprouvent les infortunés condamnés à ne pouvoir manger leur demi pain de munition sans s'affamer pour deux jours. Lisez les pages 49 et 50. Le monologue et la conversation qui suit ne s'inventent pas.

La relation de Lardier a les qualités de celle de Ducor sans présenter les mêmes garanties. Elle offre cependant des détails descriptifs si particuliers qu'on ne saurait la repousser. Je veux parler de ce qui regarde l'aspect des captifs, leurs pénalités, leurs duels, leur théâtre.

En revanche, le caporal Wagré se distingue par les signes de l'authenticité la plus rigoureuse. Il est évident qu'aucun publiciste n'a revu son texte, incorrect et décousu. Mais il ajoute sa bonne part de renseignements à ceux déjà connus. Ainsi ne voit-on que là ce brave et intelligent Martin, l'âne modèle, l'ami des captifs, paraître avec eux, à son tour de distribution. De même pour bien d'autres détails, tels que ceux de la pêche des *pieuvres* que Wagré ne connaît point et ne peut même nommer (p. 127). Il fait un touchant tableau de la délivrance des captifs (qui souscrivirent plus tard à son livre). Lui seul dit que les secours parvenus aux prisonniers de Majorque et de Cabréra étaient un don de Mme Adélaïde d'Orléans (1), alors exilée à Palma. Comme ils étaient distribués par la marine anglaise, d'autres relations (2) en ont fait honneur à sa générosité.

J'avoue que cette prodigalité me trouvait d'autant plus incrédule qu'elle était en contradiction avec les faits.

On peut dire que la férocité des Espagnols s'est donné libre cours sous la protection anglaise.

---

(1) C'est aussi à un représentant de la maison d'Orléans, au prince de Joinville, qu'on doit le seul hommage rendu à la mémoire des infortunés de Cabréra. Voir les détails donnés par la troisième de nos pièces justificatives.

(2) On le voit par certain passage du journal inédit d'un sergent-major, que j'ai publié vers 1867 dans le *Monde illustré*, et que j'ai cité ici plusieurs fois.

Devant les pontons de Cadix comme devant les rocs de Cabréra, celle-ci couvre les actes les plus révoltants. Les Anglais n'y participent point directement, mais ils en assurent l'exécution, ils donnent la chasse aux victimes qui s'échappent et les replacent sous la main des bourreaux. Ils n'avaient pas, comme la plèbe espagnole, l'excuse d'un caractère passionné, ni d'un fanatisme poussé aux dernières limites. Non ! c'est avec un flegme doux qu'ils regardent nos soldats mourir de faim, et quand ceux-ci reconnaissent impossible de donner la chasse à une chèvre sauvage, comme ils la donnent aux souris et aux lézards, ces bons Anglais, qui ont des fusils, se chargeront de la tuer, et aussi de la manger pour eux.

Pour les affamés, pas une bribe ! à moins qu'ils veuillent ensuite fouiller dans le trop plein rejeté par les estomacs britanniques!... Je demande pardon pour une telle image, mais ce détail immonde (1) était nécessaire, et je n'ai point reculé devant la crainte de soulever les cœurs que je veux indigner. La responsabilité de l'Angleterre m'a paru, je le répète, d'autant plus lourde qu'on

(1) Voyez page 132.

ne saurait invoquer pour elle aucune circonstance atténuante. Sa marine obéissait évidemment à des instructions indignes d'une nation civilisée ; elle semble y avoir une seule fois contrevenu en jetant des vivres aux pontons de Cadix pendant une longue tempête.

Du côté des Espagnols, au contraire, tout contribuait à pousser leur violence naturelle jusqu'aux dernières limites de la férocité : la haine de l'invasion et d'un roi imposé par la force ; ce sentiment d'infériorité militaire qui entraîne les faibles aux plus hideuses représailles quand ils peuvent se réunir dix contre un ; leur foi surexcitée par une propagande qui prêchait l'assassinat des Français comme une œuvre sainte. Faire expirer l'oppresseur dans des tortures sans nom, c'était bien mériter du ciel et de la patrie. La tradition des Arabes, anciens dominateurs de l'Andalousie, se retrouvait tout entière dans la rage avec laquelle le peuple mutilait les cadavres de ses victimes. A vrai dire, il n'avait rien appris depuis les Maures ; il était resté ignorant, superstitieux, vivant d'assez peu pour rester insensible aux privations qu'il imposait, aimant trop à voir égorger les taureaux ou griller les hérétiques, pour hésiter devant des actes qui font frémir, arrivé enfin à ce degré d'exaspération qui fait donner sa vie pour ôter celle de son ennemi.

Je n'en connais point d'exemple plus poignant que ce trait rapporté par un aide major du corps de Dupont (1) :

En juin 1808, sept hussards étaient arrivés dans un village de l'Andalousie, aux environs de las Cabezas de San-Juan : selon la coutume, ils n'avaient pas manqué de choisir pour logement l'habitation qui leur avait offert la plus riche apparence. La maîtresse de la maison, l'une des plus belles femmes de la contrée, leur avait fait fort bon accueil ; elle aimait les Français, assurait-elle, et ne finissait pas de s'extasier sur l'élégance de leur costume. Après les compliments et les éloges, elle s'empressa de leur faire servir un copieux repas, et de mettre à leur disposition du vin pour force libations. " Vous trinquerez avec nous, „ lui fut-il dit.

Elle saisit un verre plein, *al rey don Jose !* et le vida tout d'un trait à la santé du roi Joseph. Elle but une seconde rasade *à los Franceses !*

Les hussards témoignaient leur satisfaction d'avoir rencontré une *vivante* de cette espèce. Toutefois, comme

(1) Inséré dans le tome Ier des *Aventures d'un marin de la garde.* Voyez page 6.

cet engouement de l'Espagnole leur semblait quelque peu extraordinaire, ils l'invitèrent à vouloir bien manger avant eux des mets apportés sur la table. Elle en mangea largement, et en plaignant gracieusement ses hôtes d'être obligés de recourir à de pareilles épreuves. Auprès de l'Andalouse étaient quatre enfants avec des figures d'anges : trois garçons et une jolie fille de sept ou huit ans. Un hussard lui demanda s'ils étaient à elle, et sur sa réponse affirmative : " Alors, dit-il, il faut qu'ils soient de la fête.

— Toujours des soupçons ? reprit-elle ; ah ! messieurs les Français, que vous êtes méchants ! „

Aussitôt elle fit approcher ses enfants, et elle leur ordonna de faire avec elle compagnie aux hussards : " Vous ne craindrez plus, observa cette mère; vous voyez qu'ils mangent comme moi. „

Et elle leur donnait de tout en si grande abondance, qu'au dessert les hussards, complètement rassurés, jugèrent convenable de lui faire des excuses, qu'elle reçut avec des alternatives de minauderie et de dignité railleuse. Les reproches se succédaient, tantôt graves, tantôt sous la forme de plaisanteries :

" Je vois, dit un convive, que la dona est piquée au vif ; elle nous en veut.

— Nullement, et je prends à témoin Notre-Dame, que je vous ai maintenant pardonné.

— Alors, si vous ne nous en voulez pas, ajouta un second convive, qui, s'étant levé de table, revenait tenant à la main une mandoline qu'il avait trouvée suspendue auprès d'une croisée, vous allez nous chanter un boléro.

— Oui, oui, c'est cela, fameux ! un boléro ! s'écrièrent-ils tous ensemble ; elle nous chantera un boléro, Allons, sans rancune ! „

Elle prit la mandoline, et en s'accompagnant, elle commença de chanter un air du pays. Les hussards en gaîté faisaient chorus ; mais à chaque strophe la mesure se ralentissait de plus en plus, et le timbre de la voix s'altérait.

Tout à coup la chanteuse devient livide, son visage se décompose, l'instrument lui échappe : cependant elle se soulève brusquement, puis, faisant un dernier effort pour saisir son verre qu'elle presse de ses doigts crispés : *Al nuestro rey Fernando !* dit-elle.

Les hussards se regardent avec inquiétude.

“ *Al rey Fernando !* répéta-t-elle ; *muerte a los Franceses !* „

Tous les sabres sortent à la fois du fourreau ; mais elle, à cette menace, n'oppose qu'un signe de tête ironique ; elle tombe à côté de son siége, et, se tordant sur les dalles, elle articula ces mots :

“ Je suis empoisonnée, mes enfants le sont ; mais, ajouta-t-elle après une pause, Dieu, la Vierge et les Saints en soient loués ! Vous l'êtes aussi ! „

Cet avertissement plongea les hussards dans la stupeur : bientôt succédèrent les transports de rage.

“ Nous sommes empoisonnés, répétaient-ils ! „ Et à l'aspect des enfants qui se traînaient pour rejoindre leur mère : — “ Voyez la misérable ! s'écriaient-ils, le monstre! Il nous faut la couper en morceaux.

— Oui, oui, hachons-la, et déjà les plus exaspérés se jettent sur elle, prêts à enfoncer dans son corps la lame de leur sabre, lorsqu'à cette apostrophe d'un de leurs camarades: *Oui, allez donc tuer les morts!* les bras lancés s'arrêtent, et aucun ne se sent plus le cœur de frapper.

Celui de qui venait cette réflexion si sensée, était le seul qui eût conservé son sang-froid. " Camarades reprit-il, il n'y a pas de temps à perdre: vite, vite, au secours! je suis le plus jeune; si vous le voulez, je monte à cheval, et je vous envoie le premier chirurgien que je découvre. Si je crève en route, eh bien! tout est dit. „

Sa proposition fut acceptée; il partit. Au moment où il s'éloignait, les autres commencèrent à ressentir des douleurs d'autant plus violentes, que jusqu'alors elles avaient été palliées par l'effet d'une demi-ivresse. En arrivant, il eut encore la force de raconter la catastrophe dont ses camarades et lui se trouvaient les victimes. Nous n'étions qu'à une faible distance du village; nous nous y rendîmes, deux sous-aides-major, et moi troisième, avec une escorte de cavalerie. Nous allions à franc étrier; malgré la rapidité de notre course, il était trop tard. Des six hussards, il n'y en avait plus que deux d'existants. Nous mîmes tout en œuvre pour les sauver, mais ce fut en vain: ils moururent dans d'horribles convulsions. Les enfants étaient glacés et roides sur le cadavre de leur mère. Nous brûlâmes quelques maisons, et de toute cette scène, il ne resta que des cendres et de l'épouvante de plus.

Dès que nous fûmes de retour à l'ambulance, notre premier soin fut de nous enquérir du hussard qui était venu nous chercher : il avait eu des crises terribles ; mais depuis quelques instants il était plus calme, l'action du poison paraissait sensiblement affaiblie par les médicaments qu'on lui avait administrés. Nous avions reconnu que c'était de l'arsenic, dont la présence avait été habilement déguisée au moyen de la saveur de l'ail, employé en grande quantité comme assaisonnement. Cette donnée précise sur la nature de la substance vénéneuse nous guida pour la combattre avec plus d'efficacité.

Au bout de peu de jours le malade se crut en état de reprendre son service ; mais le poison, pris à très forte dose, avait laissé des traces ; et cette organisation qu'il avait profondément sillonnée, acheva de se miner : le hussard, ne pouvant suivre son régiment, entra à l'hôpital, d'où il ne sortit plus.

Ah ! c'était une bien pitoyable guerre que celle qui avait ses arsenaux dans les pharmacies, où les armes les plus dangereuses étaient les armes cachées !

J'ai dit l'histoire poignante, et je crois n'avoir rien exagéré. Quand une femme, quand une mère est capable de s'immoler ainsi, de se tuer quatre fois dans les quatre petits êtres qu'elle aime le plus au monde, il est certain que ce n'est plus une femme, que ce n'est plus la guerre et qu'un tel pays défie toutes les armées.

Comment serait-il alors question de traité, et quelle garantie accepter de tels vainqueurs! Nos généraux ne pouvaient s'y méprendre, tandis que nos soldats arrivaient sur le terrain sans se douter de ce qui les attendait. Ils se battaient parce que l'Empereur l'avait voulu, et ils n'en pensaient guère plus long. Pas un d'eux n'avait lu ce fameux *catéchisme* qui les déclarait soutiens du démon, et faisait de leur assassinat une sorte de précepte religieux :

Demande: Qui est venu en Espagne? *(Quien ha venido a España?*

Réponse: La seconde personne de la trinité démoniaque. *(La segunda persona de la trinidad endemoniada.)*

Demande: Est-ce péché que tuer les Français? *(Sera pecado el matar Franceses?)*

Réponse: Non, Monsieur, c'est au contraire un grand mérite... *(No senor, antes bien se merece mucho.)*

Ainsi parlait le *Catecismo civil y narracion abreviada de las obligaciones de todo Español.*

Sous l'empire de telles excitations, comment la multitude n'eût-elle pas été ivre de sang! Ces derniers mots peuvent être pris à la lettre. Il y eut, dit un témoin de cette malheureuse époque, " des insultes de rustres qui, pour l'amusement de leurs femmes et de leurs enfants vous mutilaient (je n'ose dire de quelle façon) en exécutant autour de vous des danses de cannibales. „ Pour certaines femmes, le poignard était trop doux et c'était la pointe des ciseaux qu'elles enfonçaient dans l'œil des blessés. C'étaient encore " des joies féroces de muletiers, de gitanos et de bandits qui s'enivraient du sang français mélangé avec le vin de leur peau de bouc. „

Pour se faire une idée de pareilles scènes, il faut avoir le courage de regarder les eaux fortes de Goya. On est pris d'angoisse en feuilletant les croquis du grand artiste. Comme pendaisons, comme dépécements, comme accumulation de cadavres, cela dépasse tout ce que l'imagination peut rêver de plus monstrueux. Et certaines dates prouvent au bas des planches que Goya dessina d'après nature.

Seuls les officiers de l'armée régulière et une partie du clergé cherchaient à sauver la vie des

Français. Il en reste un témoignage écrit bien curieux ; c'est la proclamation par laquelle De Morla, capitaine général de l'Andalousie, s'excuse de n'avoir point donné l'ordre de faire égorger tous les prisonniers (V. page 221).

J'ai retrouvé le texte de la justification de De Morla dans le dernier des ouvrages que j'aie à citer. C'est un volume très substantiel publié à Paris en 1823, sans nom d'auteur. Selon Quérard, il serait l'œuvre de M. de Méry, mais les récits détachés et les correspondances administratives dont il est rempli prouvent la collaboration active d'officiers qui ont jugé prudent de garder l'anonyme. Aussi n'ai-je pas hésité à lui emprunter mes trois derniers extraits, sans compter celui de Daubon (reproduit page 24). L'un est d'un officier des voltigeurs de la garde de Paris ; les deux autres proviennent d'un officier et d'un soldat désignés d'une manière moins précise. Mais le texte parle pour eux ; comme je l'ai dit, M. de Méry fut évidemment un collecteur et non un auteur, dans l'acception véritable du mot.

Après l'indication rapide des diverses parties

de mon recueil, je ne voudrais pas qu'on se méprît sur la pensée qui l'a fait publier. Mon but a été de bien démontrer le danger de certaines capitulations, et non de faire un procès historique.

Depuis cette époque à jamais déplorable, tous les Français ont maudit sincèrement la guerre d'Espagne, dans ses effets comme dans sa cause, car elle fut l'œuvre d'un seul homme et non la leur. De leur côté, les Espagnols n'en sont plus aux haines éternelles. A l'un d'entre eux, à M. Castelar, revient même l'honneur d'avoir souhaité le premier l'alliance indissoluble de son pays avec la France et l'Italie. Bien avant le président de l'ancienne république espagnole, un monarque absolu, qui était Frédéric le Grand, entrevoyait la formation de trois grandes agglomérations en Europe (grecque, latine et protestante). Le prince de Ligne, qui assistait à l'entretien, l'a rapporté dans sa précieuse *Correspondance.*

La prédiction commence à prendre corps sous les noms nouveaux de *panslavisme* et de *pangermanisme.*

On ne dit pas encore *panlatinisme*, mais on y pourrait arriver plus tôt qu'on ne pense. A défaut du mot, auquel on n'est point encore habitué, je ne crains pas de compter parmi ceux qui désirent la chose, et qui, en Europe comme en Afrique, voudraient voir les trois nations unies à jamais par des intérêts de bon voisinage. Si le Maroc était à l'Espagne, si la Tripolitaine était à l'Italie, le sentiment d'une solidarité d'ordre supérieur ferait bien vite justice des haines, secrètement excitées et savamment entretenues, qui semblent diviser à chaque instant ces frères ennemis.

Mais revenons à notre thèse, et, pour terminer, rendons hommage à l'admirable fait d'armes qui peut être considéré comme sa justification. Tandis qu'une capitulation tue misérablement les cinq sixièmes de notre armée d'Andalousie, un seul régiment, qui préfère succomber les armes à la main, vient à bout de regagner Madrid en ne perdant que la moitié de son effectif dans une retraite qui est un long combat.

On se sent relevé par l'élan de cette poignée de braves ralliés autour de leur colonel. Au milieu de grandes ombres c'est le point lumineux qui suffit à l'indication du vrai chemin.

La statue de Rouelle ne compte point parmi celles qui couvrent aujourd'hui la France. Aucun peintre n'a essayé de montrer ce vieux colonel porté par ses officiers, mais guidant toujours de la voix et du geste sa troupe héroïque : canonniers attelés à leurs pièces, cavaliers démontés, fantassins n'ayant que du pain et des cartouches dans leurs sacs, disputant à l'ennemi, sous un ciel de feu, chaque pas en avant dans la direction de Madrid, tandis qu'à l'arrière-garde leurs voltigeurs font face, sous la conduite d'un jeune lieutenant qui tient le bâton de maréchal au bout de son épée. Ce brave officier s'appelait Bugeaud, et son récit tiendra toujours lieu des monuments commémoratifs qui nous manquent.

Puisse notre armée se rappeler toujours la conduite du 116e régiment ! Mon seul regret est de ne point désigner d'une façon plus précise l'escadron de chasseurs, la section d'artillerie et les deux cents prisonniers qui ont partagé sa gloire.

Sur la même ligne, plaçons encore ce chirurgien resté seul pour soigner cinq cents blessés au lieu de fuir avec ses collègues loin du champ de bataille de Baylen. C'est aussi un héros, et ce n'est pas le plus petit. N'oublions point les quelques prisonniers du ponton *La Vieille Castille,* qui, sous le feu de l'ennemi, malgré la couardise de camarades indignes, font dériver leur prison flottante, et viennent à bout, eux aussi, de rejoindre notre armée devant Cadix.

Voilà trois grands exemples ! Ils montrent, aux heures de crise, le pouvoir surnaturel des hommes qui ne se laissent point abattre, et des chefs qui sont dignes de commander.

RÉCIT DU DOCTEUR TREILLE

ATTACHÉ A L'AMBULANCE DE LA 1re DIVISION (1).

Le 17 juin 1808, la division Dupont, forte d'environ neuf mille hommes de toutes armes, partit d'Andujar. Le 18, vers trois heures du matin, la tête de la colonne, arrivée à peu près à une lieue de Baylen, rencontra l'ennemi. Il nous fallut manœuvrer et combattre dans un cercle d'une lieue et demie de diamètre, les hauteurs étant partout couronnées de bataillons de volontaires espagnols qui, ce jour-là, montrèrent de la résolution.

Notre petite armée avait plus de bagages qu'une armée de 150,000 hommes. De simples capitaines et des civils assimilés à ce grade avaient des carrosses à quatre mules. On comptait au moins cinquante

(1) Extrait communiqué après avoir été coupé dans un vieux journal dont le nom n'a malheureusement pas été conservé. Le titre de l'article était : *Les cures par l'eau*. Nous l'avons trouvé non moins intéressant au point de vue militaire qu'au point de vue médical. Toute réserve faite sur le résultat réellement merveilleux du traitement où l'air libre a dû jouer un rôle non moins efficace que l'eau, nous ne pouvons qu'admirer le grand cœur et l'esprit ingénieux du praticien. On ne saurait trop rappeler le nom du docteur Treille ; c'était là un héros comme il nous en faudrait beaucoup.

chariots par bataillon; c'étaient les dépouilles de la ville de Cordova. Nos mouvements en étaient gênés. Nous dûmes notre perte à la cupidité des chefs.

A onze heures du matin, on capitula : il fut réglé que la division entière serait dirigée sur Cadix et y serait embarquée pour rentrer en France.

L'ambulance française avait été établie à la ferme de Romblar : on peut dire que c'était sur le champ de bataille même, les lignes ennemies n'étant pas à une portée de canon. On arrêta qu'un chirurgien major, un aide major, dix sous-aides et un pharmacien resteraient pour soigner les blessés et que leurs noms seraient tirés au sort.

Cela se passait au quartier général. J'étais pour le moment occupé à l'ambulance. On tira pour moi. Ce fut un des douze billets noirs.

Six semaines auparavant, en pleine paix, à Mançanarez et à la Caroline, le peuple s'était porté sur des hôpitaux pleins de blessés français et y avait lâchement tout égorgé : malades, chirurgiens et infirmiers. Ce souvenir était présent aux blessés et aux chirurgiens de Baylen.

Lorsque, instruit de la capitulation et de l'article qui nous concernait, j'arrivai au quartier général, je trouvai ceux de mes camarades, désignés par le sort, dans une triste disposition d'esprit et se lamentant : " On nous sacrifie, nous sommes perdus „.

Je pris congé de quelques amis ; je reçus mon ordre signé du chirurgien en chef et je repartis pour l'ambulance. J'avoue que j'avais le cœur oppressé, je me rendais à une mort presque certaine, et quelle mort ! Tous ceux des blessés qui purent se traîner, eurent hâte de quitter l'ambulance ; les autres furent établis dans la cour de la ferme. Un poste espagnol occupa le très petit bâtiment.

Assis en dehors, l'œil fixé sur le chemin, j'attendis les collègues qui devaient venir partager avec moi la périlleuse tâche. Personne ne se présenta. La division avait commencé à se mettre en route ; le chirurgien en chef passe à cheval ; je lui expose que je suis seul à mon poste et que, malgré mon bon vouloir, il me sera impossible, à moi seul, d'être utile à ce grand nombre de blessés. J'ai à peine du linge dans les caissons, les médicaments sont épuisés ; j'assisterai, sans les armes de ma profession, à l'agonie de ces malheureux. Moi, plein de vie, je suis lié à des demi-cadavres sans aucun moyen de les sauver.

Le chirurgien en chef constate l'absence de toute personne en état de m'aider, le manque complet de médicaments et il termine par me dire avec l'accent de la douleur : " Je vous laisse libre de faire ce que vous voudrez „. Sur quoi, il part.

N'étant plus, dès lors, engagé par aucun ordre de service, je me dispose à le suivre. Néanmoins, je veux auparavant exposer à des officiers blessés la situation telle qu'elle est, et que, si je pars, c'est uniquement parce que je ne vois aucun moyen de les secourir.

Entré dans la cour de la ferme, le spectacle de ces malheureux qui gisent, couverts de sang, dans la poussière, leurs cris de souffrance et de désespoir m'ôtent tout à coup la force de déclarer ma résolution. Une rougeur me monte au front, j'oublie la

France que la division va revoir bientôt (1), tandis que je serai prisonnier et que mon avancement sera perdu. Je me dis : l'honneur est de rester ici.

J'avais à soigner cinq cents blessés. Dénué de tous médicaments, j'arrosai toutes les plaies, celles d'armes à feu comme les autres, avec de l'eau pure. Je continuai mes pansements de cette façon pendant vingt et un jours que nous restâmes, depuis le 19 juin au 10 juillet, sous un ciel brûlant, ayant la terre pour lit et pour tout ombrage, les faibles rameaux de quelques oliviers.

Comme il m'aurait été impossible de panser seul cinq cents blessés dans la journée, j'en avais fait trois sections ; j'en pansais une chaque jour ; les malades des deux autres se pansaient eux-mêmes. Nous avions quelque peu de linge et, pour unique aliment, du riz. Un soldat, du nom de Joseph, avait conservé un peu l'usage de ses jambes : je l'élevai aux fonctions d'aide.

La situation était terrible. Chaque nuit, nous entendions les paysans armés rôder autour de nous, alléchés qu'ils étaient par l'espoir du butin, et chaque nuit, nous nous attendions à être assassinés. Le poste qui nous gardait se composait en tout de dix-huit hommes du régiment d'Afrique commandés par le lieutenant Vincente. Sa conduite fut au-dessus de tout éloge. Malheureusement, je n'en puis dire autant de celle d'un *proto-médico* (chef des trois services : médecine, chirurgie, pharmacie) et d'un prêtre de Baylen, qui eurent le triste

(1) L'auteur le croyait alors.

courage de venir nous visiter, non pour nous secourir et nous exhorter, mais pour nous accabler d'injures et de malédictions.

Et pourtant, dans ces circonstances des plus défavorables que l'on puisse imaginer pour une cure, sept ou huit plaies seulement se gangrenèrent et je n'eus que deux tétanos. Je perdis en tout trente-deux hommes.

RELATION D'UN AIDE MAJOR

DU CORPS DE DUPONT (1).

Il est rare que la victoire et la santé ne marchent pas de front : aussi longtemps que la chance lui est favorable, une armée se porte bien. Fatigues, périls, privations, elle fait face à tout ; elle surmonte, elle accepte tout avec gaîté. Mais il n'en est pas ainsi lorsque la fortune lui devient contraire : les echecs et les maladies se donnent la main, et après une défaite, les plus courageux pendant qu'on est en veine de triomphe, sont souvent les premiers à tomber dans l'abattement. L'énergie la plus héroïque sur le champ de bataille n'est pas toujours unie à la patience et à la résignation nécessaires pour supporter des souffrances, sans autre but que celui de leur résister. En général, les soldats sont gens

(1) Extrait des *Aventures d'un marin de la garde* (*Henri Ducor*). Paris, Ambroise Dupont, 1833, Tome 1. Il suffit d'un coup d'œil sur cette relation attachante pour voir qu'elle fut réellement écrite par un chirurgien de l'armée. Quel était son nom ? Habitait-il le Hâvre où le marin Ducor était fixé en 1834 ? Fut-il retrouvé à Paris par Lhéritier de l'Ain, qui mit en ordre les notes de Ducor, s'il faut en croire Quérard ? Il nous a été impossible de déterminer ce point.

qui savent peu s'accommoder avec le mal-être, dès que le mal-être est continu et sans compensations : il leur faut les alternatives de bien et de mal, une prospérité à bascule : aujourd'hui la disette, demain tout à profusion; après-demain la disette encore, puis de nouveau l'abondance. Pourvu qu'on aille en avant, personne ne reste en route : il n'y a à l'ambulance que des blessés.

Notre armée était belle et pleine de vigueur lorsque les dispositions de son général la précipitèrent dans un faux pas dont il ne sut ou ne voulut pas se tirer avec honneur. Elle ne se vit pas plus tôt à la discrétion d'un ennemi contre lequel il ne lui avait pas été permis d'essayer les dernières ressources de sa bravoure, qu'elle perdit tout à coup cet aspect de santé qui suffit à parer le plus modeste uniforme.

Les troupes allèrent en déclinant : elles avaient l'air ennuyé et presque valétudinaire. Chaque jour les mines s'allongeaient; elles devinrent sombres et piteuses. Les longues files de nos régiments déguenillés ressemblaient à des processions de malades indigents qu'un incendie a chassés de leur hôpital; elles cheminaient lentement dans un complet désordre, et sans reconnaître d'autre discipline que la crosse du fusil des soldats qui formaient notre escorte. Tout prisonnier qui s'écartait pour un besoin, ou qui, n'écoutant que sa faiblesse, s'obstinait à ne pas suivre la colonne, se reposait sur sa tombe ! Les habitants accouraient pour le massacrer : nous n'avions qu'à nous retourner pour être témoins de ces assassinats, et ne l'eussions-nous pas fait, des cris lamentables et les chants barbares des égorgeurs ne nous révélaient que trop ce qui se passait. Femmes, enfants, vieillards, tous s'en mêlaient.

Enfin, nous parvînmes au terme de notre voyage. Cadix, où nous aurions dû entrer en maîtres, put jouir de notre humiliation : quand on nous fit passer dans les rues et sur les places de cette ville, où l'on nous montra comme des trophées, les Espagnols se demandaient, en haussant les épaules, ou avec un ricanement d'insulte, si c'étaient là ces Français qui faisaient tant de bruit dans le monde, et qui s'étaient vantés de leur faire la loi ? et cette question d'étonnement, non moins que de mépris, était, de leur part, fort naturelle ; car, à coup sûr, soit dans nos personnes, soit dans notre tenue, il n'y avait rien de bien imposant ; homme et costume ne valaient pas mieux l'un que l'autre. Des visages pâles, émaciés, et dont les barbes n'étaient plus coupées depuis qu'on avait jugé à propos de prendre jusqu'aux rasoirs de nos *fraters*, des corps exténués, point de souliers, point de linge, ou du linge sale; des habits couverts de poussière, parce qu'on nous avait enlevé nos brosses comme un meuble inutile.

Après des marches forcées, après des campements sous un ciel torride, dans un pays où il n'y avait pas d'être qui ne fût un ennemi; après un long trajet à travers des plaines arides, des cantonnements auraient été indispensables à notre rétablissement. Pour nous refaire, nous eûmes dans une rade humide le séjour humide des pontons, où l'on nous jeta sans hamacs, sans matelas, sans paille, où l'on nous empila comme des morts dans la fosse commune.

Ce mot de pontons fait encore dresser les cheveux à quiconque a eu le malheur de tomber une fois dans sa vie au pouvoir des Anglais ou des Espagnols.

Les pontons d'Espagne ressemblaient assez aux *prisons-ships* des Anglais : c'étaient egalement de vieux vaisseaux incapables d'aller à la mer, et percés de sabords, dont le nombre était toujours proportionné à leur grandeur; mais au lieu d'être de 80 canons, ils n'étaient que de 74, et ne contenaient pas un nombre moins considérable de prisonniers ; ce qui réduisait d'autant l'espace déjà si borné que ces malheureux avaient à parcourir.

Chacun de ces pontons pouvait avoir à peu près de 160 à 180 pieds de longueur sur 40 à 45 de largeur. Un seul d'entre eux, *la Vieille-Castille,* servait de prison aux officiers : ce fut celui qui, un peu plus tard, rompit ses câbles, et fut conduit par la marée au port Santa-Maria, où se trouvait alors l'armée française.

On ne voyait sur les pontons aucun vestige de cordages. Ces gros coffres de bâtiments étaient d'immenses cercueils, dans lesquels on livrait à une mort lente des hommes vivants. La cale et le faux pont, placés au-dessous de la surface des flots, étaient les lieux les plus insalubres. Dans la cale, toujours humide, c'était un fond de boue noire et infecte, et dans cette multitude de cabanes ou petites cellules qui formaient les distributions du faux pont, il était impossible de respirer. Une seule écoutille, parallèle à celle de la cale, permettait l'intromission de l'air dans cette partie du vaisseau, sans cesse remplie des émanations les plus fétides. Là, la lumière ne pénétrait que difficilement, et l'on avait de la peine à distinguer les objets même en plein midi.

La seconde et la première batterie offraient des inconvénients d'une autre nature: on y jouissait de la clarté du jour; mais les sabords étant constamment ouverts, la fraîcheur des nuits et les différents courants d'air y occasionnaient des ophthalmies et d'intolérables douleurs dans les articulations. Cependant il est juste de dire que dans la première batterie comme dans la seconde, les hommes d'une taille moyenne, et j'étais heureusement de ce nombre, pouvaient se tenir debout.

Sur ces bâtiments, où l'on nous avait entassés par douze ou quinze cents, il n'y avait qu'un seul endroit dont le séjour ne présentât pas de dangers pour la santé: c'était sur l'arrière, auprès de l'emplacement de la sainte-barbe; et précisément cet endroit nous fut interdit, parce que des négociants espagnols avaient jugé à propos de s'en emparer pour y déposer leurs marchandises.

On n'osait pas nous faire mourir de faim; mais on nous distribuait du pain de munition noir et rempli de substances terreuses, du biscuit plein de vers, des viandes salées qui se décomposaient, du lard rance, de la morue gâtée, du riz, des pois et des fèves avariés; point de vin; point de vinaigre; aucun moyen de préparer nos aliments. Pour comble de malheur, par une chaleur excessive et avec une nourriture si propre à exciter la soif, on nous refusait l'eau, ou du moins on nous en donnait en si petite quantité, qu'elle s'absorbait telle que des gouttelettes qui tomberaient sur un fer ardent.

Aussi, vers le milieu du jour, étions-nous comme des furieux; dans les batteries, c'était une atmosphère épaisse à y étouffer; on y nageait dans la sueur, dans la respiration les uns des autres, et le jeu des poumons y était horriblement comprimé. Sur le pont, les rayons d'un soleil vertical nous brûlaient la peau.

L'aurore était pour nous ce qu'elle est pour les oiseaux de ténèbres: nous ne la voyions jamais sans qu'elle nous attristât; car la nuit seule apportait quelque calme à nos sens. Comme nous aurions voulu prolonger sa durée! et quand elle se dissipait, comme nous étions impatients de son retour!...

Quand nos corps étaient en quelque sorte torréfiés, et que le flot, dans ses balancements, venait mollement caresser les flancs de notre vieux vaisseau, comme il nous eût semblé bon d'y descendre! mais il nous était interdit de nous baigner, et quiconque eût osé enfreindre la défense aurait payé de sa vie cette témérité. Nos gardiens, qui étaient des soldats de la marine espagnole, avaient ordre de faire feu sur tout prisonnier à qui ils supposeraient l'intention de s'écarter du bord, ne fût-ce que pour un instant; et ils étaient trop cruels pour ne pas exécuter à la lettre cette consigne. Nous n'en doutions pas, et, pour ne pas leur donner la satisfaction de remplir leur devoir, nous nous en tenions aux simples ablutions. Du matin au soir, nous faisions queue aux *bouteilles* (1) des chambres

(1) La bouteille est le *water-closet* maritime.

du vaisseau, afin de nous y mettre nus, et de nous arroser le corps avec des seaux d'eau de mer.

Il était difficile de s'accommoder du régime auquel nous étions soumis; cependant, dès les premiers moments, on fit contre mauvaise fortune bon cœur; c'était à qui plaisanterait de sa situation. Mais bientôt on commença à ne plus rire; d'affreuses maladies se développèrent en peu de temps. J'y vis se propager toutes les espèces de fièvres: diarrhée, dyssenterie, typhus, scorbut. J'attendais mon tour. Je vivais au milieu de ce monde de spectres, et chaque jour je m'étonnais de ne pas dépérir comme eux. Dans cette gêne perpétuelle, impossible de prendre aucun repos. Nous livrions-nous un instant au sommeil, aussitôt nous étions réveillés par les cris du voisin, par des picotements et des démangeaisons au visage; nous étions suffoqués.

La plupart des prisonniers étaient en proie à un tel abattement qu'ils n'avaient plus la force de se déterminer à faire usage de leurs membres. Le plus petit déplacement devenait pour eux une peine; et puis, dans cette foule, il n'était pas aisé de circuler.

L'état sanitaire devenait de plus en plus alarmant et nos gardiens ne paraissaient pas s'en émouvoir; loin de là, ils considéraient d'un œil presque joyeux les souffrances et la mort de ces chiens de Français, *gavachos,* qu'ils regardaient comme autant d'hérétiques dont on ne pouvait se défaire trop tôt.

Les agitations de la nuit étaient cruelles; durant le jour, la torpeur était effrayante, et pourtant nos gardiens éprouvaient, à nous contempler dans cet état, une satisfaction qu'ils ne prenaient pas la peine de cacher. Au moment des distributions, dont le retour avait lieu tous les quarante-huit heures, c'était pour eux un délicieux spectacle que celui de douze à quinze cents Français usant languissamment le reste de leurs forces à broyer sous la dent quelques fèves sèches, ou à déchirer des lambeaux de poisson cru, imprégné d'une saumure corrosive qui leur ensanglantait la bouche.

Ces repas, où chacun mangeait presque toujours ses aliments tels qu'il les avait reçus des mains des Espagnols, étaient hideux à voir, et les suites en étaient déplorables : immédiatement après, c'étaient des maux d'estomac, des coliques à se tordre, des déchirements d'entrailles et un dévoiement qui ne cessait plus.

L'eau qu'on nous donna d'abord venait du port Santa-Maria : elle était propre à la cuisine, et n'avait point de goût désagréable ; mais bientôt on se lassa d'en aller chercher si loin, et nous n'eûmes que de l'eau saumâtre, puisée dans les fossés fangeux de la Péninsule. Si l'on n'eût pris plaisir à nous faire endurer le supplice de la soif, il y aurait eu moins de danger à se désaltérer ; mais la haine que nous portaient les Espagnols se joignait à leur indolence, pour nous ménager des privations, et pour attacher ensuite à la satisfaction des premiers besoins la peine d'une intempérance bien naturelle. Il y avait ample provision de cette eau ; nous le savions, nous en demandions : plutôt que d'accéder à nos prières, ils préféraient la laisser croupir dans les barriques, au milieu des puanteurs de la cale. Avait-elle achevé de s'y corrompre (je n'y songe jamais sans éprouver un soulèvement de cœur), exhalait-elle une odeur nauséabonde, pire que celle des matières excrémentitielles répandues dans le vaisseau, alors cette capricieuse parcimonie cessait tout à coup : *Agua! agua!* criait-on; et le liquide pestilentiel était offert en abondance... *Agua!* C'était à qui en aurait, à qui arriverait le premier. Heureux en cet instant ceux qui étaient les plus forts, ou qui se trouvaient le plus près du distributeur! ils se gorgeaient au détriment des plus faibles ou des éloignés. Je dis heureux, car on leur portait envie; mais ils ne tardaient pas à expier l'avidité avec laquelle ils avaient assouvi leur soif: le frisson s'emparait d'eux; leurs mâchoires claquaient; puis, l'accès de froid passé, venaient les vomissements, la diarrhée, l'affaiblissement, le sommeil et la mort, toujours la mort, avec des convulsions horribles, lorsqu'ils commettaient l'imprudence d'aller dormir sur le pont.

Les causes de mortalité étaient si multipliées, que les décès devaient être nombreux. Dans les commencements de notre captivité, nous jetions les cadavres à l'eau; mais le reflux en ayant déposé plusieurs sur le rivage de Cadix, les habitants obtinrent que l'on viendrait chercher nos morts pour les enterrer. En conséquence, on nous défendit de nous en débarrasser. Il n'y aurait pas eu à se plaindre de cette défense, si le service d'inhumation se fût fait avec exactitude; mais il ne se passait pas de jour qu'il ne mourût quinze à vingt prisonniers à bord de chaque ponton, et les Espagnols restaient souvent toute une semaine sans les enlever. On conçoit que sous un climat aussi chaud ils devaient bientôt entrer en décomposition, et dégager une énorme quantité de miasmes putrides. Ces foyers d'infection, disséminés sur tous les points du bâtiment, y portaient partout la désolation et la mort.

C'était dans les parties basses du ponton que le typhus exerçait ses plus grands ravages. Rarement il épargnait les malheureux qui s'y réfugiaient, lorsque, par une variation soudaine de la température, la fraîcheur des nuits, qu'ils avaient d'abord regardée comme bienfaisante, se changeait subitement en un froid piquant. Le typhus! on ne pouvait, sans se sentir ému de pitié, voir les angoisses de ceux qui étaient atteints de cette horrible maladie.

Que l'on juge de ce que nous devions souffrir, nous qui étions entourés de ces douleurs, sans possibilité de les soulager; c'étaient des hurlements à fendre l'âme, des cris d'épouvante, d'horribles contractions, auxquelles ne succédait que trop souvent la raideur de fer du tétanos. La plupart se croyaient sous le fer des Espagnols, toujours prêts à les assassiner, parce qu'ils avaient vu périr de la sorte un grand nombre de leurs camarades dans les cantonnements de l'Andalousie, où ils étaient restés comme prisonniers. Ceux-ci, avec une imitation parfaite, répétaient les vociférations des habitants contre l'armée française; ceux-là voyaient la garnison défiler par la brèche; d'autres se figuraient le ponton sur le point de couler, ou d'être brûlé par l'artillerie des forts de Cadix.

Ces terreurs étaient si grandes et si vraies, que parfois, nous abandonnant à l'illusion, nous ne pouvions nous défendre d'une impression passagère du même genre. Quelques-uns s'arrachaient les cheveux ou s'ensanglantaient la figure; plusieurs se lamentaient; il y en avait qui cherchaient à mordre: nous n'approchions d'eux qu'avec précaution. Les jeunes gens appelaient leurs mères en gémissant. Un sergent, je me souviens que c'était un Piémontais, contrefaisait le cri de tous les animaux de la ferme, depuis le chant du coq jusqu'au braiment de l'âne et au mugissement du taureau. Un soldat du train ne cessait de répéter : *hu, dia, huhau!* et, pendant les ténèbres, ceux qu'ils empêchaient de dormir les suppliaient de se taire, ou leur commandaient le silence avec des transports de colère.

Il ne crèvera donc pas! Cette exclamation, souvent réitérée, était le vœu de l'égoïsme du malade, qu'importunait la bruyante agonie d'un voisin, dont il lui tardait d'être délivré. Un peu de tranquillité aux dépens de la vie de son semblable, voilà ce qu'il souhaitait : le dernier râle lui faisait plaisir; mais quand ils n'étaient plus, sur leur dépouille, dont la vermine les quittait pour s'attacher à nous, sur leurs cadavres, qu'on laissait bleuir à bord, jusqu'à ce que les vers commençassent à les ronger, il y avait encore des blasphèmes et des malédictions. La maladie du pays fit également son invasion. Toutefois elle sévit avec plus de rigueur contre les Suisses et les Piémontais que contre les Français. Celui qui en était atteint devenait rêveur; bientôt il tombait dans une mélancolie profonde; nous le voyions se coucher sur le ventre. Alors nous disions : *En voilà un de moins!* et ce pronostic ne nous trompait pas :

il ne se relevait plus. Presque toujours il succombait sans aucune affection apparente, sans demander du secours.

A bord d'un vaisseau il y a toujours une infirmerie; sur les pontons, malades ou non, il fallait vivre côte à côte. Le prisonnier bien portant était souvent obligé de coucher entre deux scorbutiques.

Ces pauvres scorbutiques étaient véritablement nos lépreux : mais bien qu'ils inspirassent autant de dégoût qu'ils auraient dû exciter de compassion, nous ne pouvions éviter leur contact, et bon gré, mal gré, il nous fallait humer leur souffle empesté: les cadavres du moins ne respiraient pas! Ah! si les malheureux, pour rafraîchir leur sang, avaient pu se procurer quelque peu de cette verdure que, de la hauteur du tillac, ils apercevaient sur le rivage, et qu'ils dévoraient des yeux! s'ils avaient eu quelques gouttes d'un vin généreux! si les Espagnols avaient seulement consenti à les descendre à terre pour quelques jours, ou à remplacer de temps à autre, par des végétaux frais, les salaisons qu'ils distribuaient, ils auraient été sauvés! mais rien de ce que nous demandions au nom de l'humanité ne nous fut accordé.

Sur quatorze mille que nous étions, on en comptait huit mille dont une moitié avait le scorbut et la dyssenterie, et l'autre moitié le scorbut seulement. Ces deux maladies, avec leur auxiliaire le typhus, faisaient de nos pontons un épouvantable tableau de destruction. Il n'y avait que les femmes de soldats ou les cantinières qui tinssent bon. Une particularité des plus remarquables, c'est qu'il s'en trou-

2

vait plusieurs centaines avec nous, et que pas une d'elles ne fut malade. Peut-être durent-elles la conservation de leur santé au mouvement qu'elles se donnaient en cherchant à se rendre utiles; car les femmes sont nées hospitalières : dès qu'il s'agit de soulager des souffrances, elles s'oublient au sein du danger; et le danger même, qui ne les occupe que par rapport à autrui, devient pour elles une salutaire diversion. “ Si nous allions tomber malades, disaient-elles, *que deviendraient nos pauvres hommes?* „

Nous, dont c'était le devoir, comme le métier, de les panser, de les veiller, de les soigner ces hommes, nous disions aussi : *que deviendraient-ils?* Ce n'était pas que nous y pussions grand'chose; mais nous n'en étions pas moins pénétrés de l'idée que c'était pour nous une obligation de vivre et de nous maintenir dispos.

Nous étions ces soldats à qui un général du siècle dernier avait défendu de tomber malades, sous peine d'être enterrés vifs (1). L'influence du moral sur le physique est si grande! Et puis, nous ne faisions pas comme ceux qui pour la moindre indisposition allaient se tapir en un coin dans leur capote, le bonnet de police sur les yeux; de ceux-là les camarades disaient qu'ils *se jetaient le drap sur la figure.* L'expression était juste et pittoresque.

(1) Cette singulière défense se trouve dans un ordre du jour du maréchal comte de Munich, pendant le siége d'Oczakow en 1793. Les historiens rapportent qu'elle produisit tout l'effet qu'il s'en était promis, et que les maladies, qui se multipliaient dans son armée à un degré effrayant, cessèrent tout à coup.

Quant à nous, nous recommandions l'exercice, et nous en prenions le plus possible : nous nous battions les flancs pour être les boute-en-train du ponton; nous organisions des danses, nous encouragions les jeux sur le tillac. Cette gymnastique en plein air, qui n'était guère praticable avant que la mort n'eût éclairci nos rangs, était un merveilleux préservatif : je sais que pour mon compte je m'en suis parfaitement trouvé. Il est des situations où bon gré mal gré il faut absolument se remuer afin de s'étourdir. J'avais cette conviction, et j'ai souvent éprouvé combien, quand on se défie de sa faiblesse, il est à propos de la combattre par une activité quelconque. Pour ne pas succomber, il suffit d'être constamment en garde : aujourd'hui je garantirais que l'homme sain et courageux dont l'âme forte retrempe le corps est presque toujours invulnérable. Mais cette force d'esprit, ce ressort ne s'allie d'ordinaire qu'avec une certaine culture de l'intelligence, avec l'absence de préjugés, et cette habitude philosophique de la vie qui fait qu'en toute occasion on sait se créer des ressources.

Ceux des officiers qui avaient été faits prisonniers avec nous s'arrangèrent si bien, que, comparativement au reste de l'armée, ils eurent peu à souffrir des maladies qui la ravageaient.

La majeure partie des soldats étaient pieds nus, et beaucoup d'entre eux avaient pour tout habillement une capote trouée, qui leur tenait lieu de couverture pendant la nuit, et qu'ils s'obstinaient à appeler leur *cache-misère*, bien qu'elle ne cachât rien. Les officiers, au contraire, étaient encore vêtus suffisamment, et passablement chaussés : on pouvait remarquer quelque disparate, et même du délabrement dans leur toilette ; mais il n'y avait point de dénuement. Au sortir de leur bain, qu'ils prenaient à tour de rôle dans des barriques qu'ils avaient fait défoncer, ils pouvaient du moins se mettre en linge blanc. Les soldats étaient privés de tous ces moyens de propreté, dont ils auraient retiré un si grand avantage ; et, bien qu'il ne leur restât qu'une chemise, il ne leur était permis de la laver qu'à l'eau de mer, ce qui faisait qu'elle ne séchait jamais.

Les officiers avaient obtenu des cadres et des matelas, et pour se soustraire à l'humidité et à ces myriades de dégoûtants insectes, qui ne pullulèrent jamais autant que dans les pontons, ils n'en étaient pas réduits à s'isoler sur quelques bouts de corde entrelacés en manière de hamacs. C'était là une position des plus incommodes, et que l'on ne tenait quelque temps que sous la condition d'être moulu, brisé en se réveillant. Mais tout incommode qu'elle était, les soldats la regardaient comme le superlatif du confortable: c'était à qui découvrirait des morceaux de bitord, pour se construire un pareil coucher, et ensuite un endroit propice pour accrocher, sans contestation, cette espèce de balançoire.

Cependant il vint un moment où l'on voulut bien jeter un coup d'œil de commisération sur les prisonniers de Baylen : ce fut quand les progrès de l'armée française, qui s'avançait pour faire le siége de Cadix, commencèrent à donner de sérieuses inquiétudes aux habitants de cette ville. Aussitôt ces mêmes magistrats, jusque-là sourds à toutes les représentations, s'empressèrent de faire disposer en hôpitaux ces pontons, au sein desquels la haine qu'ils nous portaient avait pu s'assouvir par tant de trépas.

Il fut arrêté que chaque vaisseau contiendrait quatre cents malades.

Quand tout fut prêt, nous allâmes dans la rade, recrutant les malades de ponton en ponton. Pas un de ces vaisseaux dont le pont n'en fût jonché et les batteries encombrées. Tous étaient là dans un état de détresse et de souffrance impossible à décrire : nous choisissions parmi les cadavres, et beaucoup de ceux que nous recueillîmes étaient déjà réputés morts, parce qu'ils ne bougeaient plus. Les autres se voyaient enlever avec une insouciance stupide ; ils ne paraissaient pas seulement se douter de ce que nous voulions. Ceux qui avaient conservé toute leur connaissance restaient ébahis : après l'abandon si prolongé dans lequel on les avait laissés, ils ne pouvaient croire que l'on se fût ainsi tout à coup décidé à venir à leur secours ; mais cet événement ne leur suggérait aucune réflexion, ils étaient muets et moroses. Il s'en trouvait même qui se laissaient retomber avec humeur lorsque nous essayions de les poser sur leur séant ; qui nous dérobaient leur face avec mécontentement quand nous cherchions à les retourner ; le jour les importunait ; il leur semblait que nous les dérangions : ils étaient si bien ! ils s'étaient couchés pour mourir. Mais nous n'en persistions pas moins à remplir notre mission.

Au fur et à mesure qu'ils arrivaient à l'hôpital, on les lavait dans des baignoires pleines d'oxycrat tiède; leurs vêtements étaient jetés à la mer. On les transportait ensuite dans des lits où leurs ulcères étaient pansés, et de ce concours de soins, joint aux discours consolants que nous leur tenions, il ne tardait pas à résulter pour eux un mieux sensible. Nous traitions tout ensemble le moral et le physique; tout ce qui dépendait de nous, nous le faisions pour ranimer leur courage abattu, et des larmes de joie coulaient quelquefois sur leur visage, en voyant les médecins ainsi dévoués à leur soulagement. Ces larmes étaient notre plus douce récompense. Mais que nous fûmes heureux lorsque nous les aperçûmes successivement déguerpir de leurs lits par essaims de dix, de vingt, de trente, de quarante à la fois! chaque visite du matin ajoutait à notre satisfaction. *Combien y aura-t-il de résurrections aujourd'hui ?* nous demandions-nous, et presque toujours le nombre de ces Lazares surpassait notre attente. Bientôt il y eut affluence sur ce tillac, où ils montaient comme des revenants qui emportent leur linceul, enveloppés de leur couverture de laine qu'ils s'étaient attachée sur le corps. Dans ce costume, qui était celui de tous les promeneurs, ils n'en avaient pas d'autre, on aurait pu aussi les prendre pour une troupe de Bédouins.

Cependant leur teint s'éclaircissait, ils se tenaient plus droits; plusieurs commençaient à se draper imposamment en fumant la *cigarette;* on fredonnait, on sifflait des airs, la langue des conteurs se déliait; on faisait circuler des nouvelles qui venaient on ne savait d'où, mais qui n'en étaient que plus avidement accueillies, on y parlait d'échange, de victoires, de délivrance; on était sûr que l'Empereur ferait fusiller le général Dupont: "*Ah ! b...., pour celui-là, il ne l'aura pas volé!*" C'était l'arrêt du conseil de guerre prononcé par la bouche des soldats.

RÉCIT DE DAUBON

OFFICIER DE DRAGONS (1).

Quelques jours après notre arrivée à Lebrija, les habitants de cette ville et des environs obtinrent de la junte la permission de se servir des prisonniers qui consentiraient à travailler chez eux. Ceux qui n'avaient point d'état ou qui refusaient de s'employer chez les particuliers, passaient leur temps à se promener et à ramasser du chaume pour leur servir de lit; car la junte n'avait point encore pourvu à leurs premiers besoins.

Dans les premiers jours de décembre, nous remarquâmes que la figure des habitants prenait un air sombre; nous en attribuâmes seulement la cause à la nouvelle de l'entrée des Français à Madrid. Fatale sécurité!... Ne devions-nous pas prévoir que cette nouvelle même mettrait le comble à leurs préventions. Aussi dans la matinée du 7 se réunirent-ils pour égorger les prisonniers. Le premier effort de leur rage tomba sur les dragons isolés

(1) Extrait des *Mémoires d'un officier français*, Paris. Boulland, 1823. C'est un épisode des tortures subies par nos troupes dans la marche de Baylen sur Cadix. Lebrija fut une des stations de ce calvaire.

employés dans les maisons particulières; puis ils se répandirent dans les champs, pour y faire éprouver le même sort à ceux qu'ils trouveraient occupés à travailler. Ils rentrèrent dans la ville pour consommer leur projet, en assassinant en masse les prisonniers.

Un chirurgien français, que les autorités de Lebrija avaient privé du droit de rentrer en France, comme les autres non-combattants (plutôt pour faire tourner ses talents au profit des habitants, qu'à celui des prisonniers) manqua d'être leur première victime. Quelques particuliers auxquels il avait donné ses soins le retirèrent à temps des mains des assassins, et le conduisirent au couvent où nous étions logés. Pendant ce temps, le vaguemestre du régiment, que ses affaires avaient appelé en ville, fut atteint d'un coup de fusil qui le fit tomber sur la place : comme il n'était que blessé, un chirurgien espagnol acheva de le massacrer impitoyablement.

Le chirurgien français, échappé au danger, courut au quartier, où il sema l'alarme.

A peine terminait-il son triste récit, que nous entendîmes des cris *à l'assassin !* et un moment après, des coups de fusil; nous descendîmes tous, et nous nous plaçâmes en haie le long de notre bâtiment, résolus de vendre chèrement notre vie, n'ayant que les sabres que la capitulation nous avait autorisés à conserver. La populace formait une multitude redoutable; elle ne pouvait être contenue par la présence d'un des magistrats, dont la voix se perdait au milieu du tumulte.

Le major du régiment se porte en avant au nom des officiers, et demande à cette foule furieuse ce qu'elle exigeait d'eux : *Rendez vos armes !*... tel est le cri général; le major répond : *Nous ne les remettrons qu'à l'autorité.* Une décharge suivit ces mots. N'écoutant plus que notre désespoir, nous tombâmes, le sabre à la main, sur la troupe de ces furieux : notre choc les dispersa, et nous parvînmes, à travers la fusillade, à nous frayer un passage. Au lieu de courir à la caserne de nos dragons, pour nous joindre à eux, et au lieu de nous emparer des armes des assassins qui étaient tombés sous nos coups, nous nous réfugiâmes inconsidérément vers des oliviers à l'abri desquels nous crûmes pouvoir arrêter les efforts des furieux. Ceux-ci, reprenant courage, revinrent sur les officiers et tuèrent tous ceux qu'ils purent atteindre. Il ne se sauva de ce massacre qu'un lieutenant qui, sans être aperçu, monta sur un arbre, et un adjudant qui trouva moyen de se cacher derrière un buisson.

Je me trouvai avec notre chirurgien, qui avait rendu des services à plusieurs habitants, au moment où ils le firent entrer dans le couvent dont j'ai parlé, et je fus assez heureux pour m'y élancer en même temps que lui, et me mettre sous la protection des religieux.

Quelle était la perplexité du lieutenant sur l'arbre qui l'avait soustrait à la férocité des assassins! Voir égorger ses camarades, que leurs bourreaux dépouillaient, avant qu'ils eussent rendu le dernier soupir. *Je crois qu'il y en a encore qui remuent les yeux !*... tels étaient les horribles mots qui retentissaient à ses oreilles, accompagnés des derniers gémissements des victimes et du bruit sourd des derniers coups des assassins qui les achevaient (1).

(1) Ces égorgements n'étaient rien encore à côté des barbaries commises sur les blessés. On en jugera par ces deux extraits du même ouvrage (pages 34 et 38).

« Le général René, rejoignant sa division, fut attaqué par des paysans à quelque distance de Sainte-Hélène, presque au sommet de la montagne. Epuisé de fatigue et privé de munitions, ainsi que de la moitié de son escorte, qui avait été tuée, le général se rendit, et fut conduit à la Caroline avec ce qui restait de l'escorte. Ils éprouvèrent sur la route les traitements les plus humiliants et les plus barbares. Le lendemain de leur arrivée, les paysans qui les avaient pris, de concert avec ceux qui habitaient la Caroline, se rendirent à l'hôpital, firent lever les hommes qui pouvaient marcher et massacrèrent ceux qui n'étaient point en état de les suivre. Ils emmenèrent 150 blessés, ainsi que le général, également blessé, son aide-de-camp, un enfant, neveu de ce dernier, et quelques autres Français détenus depuis peu de jours. Ils les conduisirent à un lieu nommé la Venta de Cardenas, dans les gorges de la Sierra-Morena ; là ils les fusillèrent et jetèrent ensuite leurs cadavres dans un précipice. Lors de notre passage, il n'y eut pas un de nous qui ne pût voir avec horreur les restes putréfiés de plus de cinq cents Français devenus la proie des vautours, après avoir été celle des féroces habitants de ces contrées. Parmi ces malheureux prisonniers de la Caroline se trouvait un enfant de dix ans, neveu de l'aide-de-camp du général René, et que cet officier avait enlevé à la tendresse de sa mère pour lui faire voir l'Espagne. Pendant la funeste traversée de la Caroline à la Venta de Cardenas, l'aide-de-camp, ne doutant plus du triste sort qui lui était réservé, mais espérant que l'âge et la faiblesse de cet enfant le soustrairaient à la rage de ses bourreaux, s'efforçait de les apitoyer sur son neveu ; il les suppliait de la manière la plus touchante d'épargner cet enfant ; ces furieux furent inflexibles, ce pauvre enfant fut fusillé. Leur rage n'était point encore assouvie, ils y mirent le comble en sciant entre deux planches le commissaire des guerres Vosgien et en jetant son secrétaire dans une chaudière d'huile bouillante.

Un autre témoin confirme ainsi ces détails :

L'adjudant, moins heureux que le lieutenant, fut découvert derrière le buisson par un paysan armé d'un énorme couteau. L'Espagnol le somme de se rendre au quartier; l'adjudant armé de son sabre, montrant une ferme contenance, consent à l'accompagner chez le curé du lieu, et le menace de venger sur lui le premier le malheur qui pourrait lui arriver en chemin. Cette menace produisit son effet; soit peur, soit compassion, le paysan le conduisit chez le curé qui lui promit sûreté.

Les assassins, après avoir battu les champs d'oliviers, rentrèrent dans la ville, et se divisèrent en deux bandes; la plus forte se porta sur-le-champ à la caserne des dragons, et la plus faible courut au logement du général Privé. Irrités d'en trouver la porte fermée, ils demandèrent à grands cris que le maître de la maison leur en remît la clef; ce dernier leur affirme qu'un prêtre, qui les avait devancés, l'avait emportée: cette réponse redouble leur fureur. Ils enfoncent la porte du général : quelle est leur surprise de n'y trouver ni lui ni ses effets! le malheureux propriétaire allait périr, lorsqu'un enfant vint lui dire que les domestiques du général étaient enfermés dans une chambre du rez-de-chaussée; ils

Arrivés à l'habitation, ils égorgèrent tous les blessés devant le général, firent ensuite un feu ardent et brûlèrent vifs le général et toute sa suite après avoir commis sur plusieurs personnes mille abominations. Nous y passâmes quelques jours après. Les marques du feu étaient très-visibles. Les os étaient encore tous calcinés, et les morts n'étaient pas encore enterrés. Rien au monde n'était affreux comme ce triste spectacle. Nous trouvâmes beaucoup de blessés à qui les paysans avaient eu la cruauté de couper les oreilles.

s'y précipitent, ils veulent enfoncer la porte de la chambre où s'étaient réfugiés ces infortunés; elle était tellement épaisse qu'elle résiste à leurs efforts. Craignant que d'autres victimes ne leur échappent, ils montent à la chambre de l'aide-de-camp du général, qui voit sa porte céder aux coups redoublés de ses assassins. En vain, avant que sa porte ne fût enfoncée, leur avait-il offert son argent, sa montre, tout ce qu'il possédait; ils fondent sur lui, lorsque le bruit d'une cloche se fait entendre; un prêtre, précédé du Saint-Sacrement, se précipite au milieu d'eux : leur fureur s'arrête; l'officier jette son sabre, les assassins se prosternent, leur victime leur échappe. Se rendre de suite à la chambre où était enfermé le général Privé, sauver ses domestiques plus morts que vifs, les conduire à l'église, telle fut l'action de ce généreux prêtre, afin de donner aux autorités municipales le temps de prendre des mesures.

Pendant que cette triste scène se passait, les misérables qui s'étaient portés à la caserne des dragons pour les égorger, n'avaient pas trouvé la même facilité, ils avait affaire à plus nombreuse partie. Quelle que fût la résistance de nos braves, ils ne pouvaient lutter avec avantage contre leurs adversaires armés de fusils. Déjà trente à trente-cinq d'entre eux avaient succombé, lorsque les prêtres arrivèrent à leur secours. Sans l'assistance de ces généreux ecclésiastiques, tous les prisonniers de Lebrija eussent été égorgés. On ne peut rendre la même justice aux autorités de la ville.

Lorsque la nuit vint, l'officier resté sur l'arbre

profita de l'obscurité pour se rendre à la ville. A peine avait-il fait quelques pas, qu'il rencontra deux paysans; ils lui portèrent deux coups de poignard dont il fut légèrement blessé. Armé de son sabre, il se mit en défense, et parvint à les mettre en fuite. La Providence qui l'avait protégé le matin, daigna couronner son ouvrage, en lui faisant diriger ses pas vers des hommes de justice qui parcouraient les champs d'oliviers, pour recueillir les Français, que le hasard avait fait échapper à la fureur des habitants.

Il alla au devant des autorités, leur remit son sabre. Cela n'empêcha pas que quelques scélérats, mécontents de voir une victime leur échapper, voulaient arracher cet officier des mains de ces magistrats.

Sur dix-huit officiers parmi lesquels se trouvait le major commandant le régiment provisoire, le lieutenant qui s'était sauvé sur l'arbre, le chirurgien, l'adjudant et moi, nous échappâmes seuls à ce massacre. On peut porter à cinquante le nombre des officiers et soldats tués dans cette journée.

Nous sommes encore à pouvoir nous rendre raison du motif qui a pu porter les habitants de Lebrija à se livrer à de pareils excès.

RELATION DU TIMONIER DUCOR (1).

3 AVRIL 1809 — 9 OCTOBRE 1811.

Le 3 avril, nous mîmes à la voile sous l'escorte de plusieurs navires de guerre anglais.

En moins d'un mois, nous fûmes devant Palma. Mais nos espérances de débarquement furent déçues: il vint un nouvel ordre d'appareiller, et on nous conduisit à Cabréra, île d'épouvantable mémoire. C'est au pied de cet amas de roches que, le 9 mai, nous arrivâmes au nombre de cinq mille cinq cents.

Cabréra, la plus petite des Baléares, est à sept lieues au sud de Majorque.

Dans son pourtour, qui est assez dégagé, Cabréra a deux baies principales: l'une au nord, l'autre au sud.

Son port pourrait contenir une quarantaine de bâtiments marchands et quelques-uns de haut bord. Il offre un refuge assuré durant les orages. Son entrée est placée entre deux montagnes escar-

(1) Provient de la même source que notre *Relation d'un aide major du corps de Dupont.* On y trouve copie d'une dépêche du maréchal Suchet qui lève tous les doutes sur le vrai nom de l'auteur. Le livre est des plus intéressants. Ducor faisait partie des équipages français retenus prisonniers en rade de Cadix quand l'armée de Dupont y fut conduite.

pées. Au sommet de celle de gauche, en regardant l'île, est une espèce de château-fort, vieil édifice en ruines. A peine pourrait-on y loger une trentaine de soldats.

Rien de si rare à Cabréra que la terre végétale; cependant çà et là elle présente entre les rochers quelques lambeaux de sol qui semblent susceptibles de culture.

Le débarquement s'effectua sans tumulte, et c'est à peine si d'abord on s'occupa de l'aspect de ce désert.

Les colonnes, en tête desquelles étaient les sous-officiers, s'écoulèrent dans plusieurs directions; mais les masses que formaient les première et cinquième, ainsi que le 121e régiment, campèrent au fond du port. Bientôt après on se mit en quête par petits pelotons; les cris de ralliement se croisaient, et de loin en loin, dix échos les multipliaient à l'infini. Au bout d'une heure, ce ne fut plus qu'une procession d'hommes, portant des broussailles ou des fagots: chacun se préparait un abri.

Le soir, mille feux brillèrent de tous les points du camp.

Le lendemain on se mit à faire de plus amples explorations; on parcourut l'île: ce n'étaient que pierres, sable, cailloux, sapins ou broussailles; et pourtant, au milieu de ce désert, il y avait un champ de blé. Quelle ne fut pas notre surprise en le voyant : Cabréra n'est donc pas inhabitée, nous disions-nous; il y a ici quelqu'un, peut-être un ermite. L'idée de Robinson vint aux marins, et chacun de chercher, d'appeler le solitaire... On ne le trouva pas... Un âne se montra: “ Ah ! voilà son lama, dirent les marins, qui pensaient toujours à Robinson ; puisque la bête est si près, il est probable que le maître n’est pas loin... „ La bête était un âne, ou plutôt l’ombre d’un âne, tant il était étique: il n’avait que la peau et les os... Il secoua sa queue, se prit à braire, s’approcha de nous avec un mouvement affectueux de ses longues oreilles, et vint successivement poser son front sur la poitrine de plusieurs. Sa voix avait retenti d’un bout de l’île à l’autre ; tout le monde accourut. “Un âne! criait-on, et un champ de blé! „ on n’en revenait pas. On garda l’âne, qui n’avait pas de maître, et l’on en prit soin. Les uns le nommèrent *Martin;* pour nous, nous l’appelâmes *Robinson.*

Les officiers se logèrent auprès du château. Quant à moi, ce fut près de la grève et au fond de la baie que je fixai mon séjour, en compagnie d’un nommé Turpin, qui était aussi marin, et de trois autres prisonniers.

Mieux avisés que la plupart de nos compagnons, durant la traversée nous avions obtenu, au moyen de misérables échanges, une partie des vivres de quelques soldats malades qui ne pouvaient consommer leur ration. Nous étions donc possesseurs d’une certaine quantité de galettes de biscuit, que nous avions trouées par le milieu, et enfilées avec une corde. Munis de ce précieux chapelet, nous fûmes bientôt entourés de flatteurs qui offraient leurs services.

La faim ne devait pas être notre premier besoin; c’était d’abord la soif, comme à bord des pontons.

Or, dans l'île il n'existe qu'une seule fontaine dont l'eau soit douce et propre à la cuisson des légumes; mais elle est très peu abondante et sujette à tarir. Chaque compagnie y envoya des hommes de corvée. On fut étonné de ne pas les voir revenir : c'est qu'en arrivant près de la fontaine ils l'avaient trouvée assiégée par une foule haletante, et que, pour prendre leur rang, ils avaient été obligés de faire le coup de poing. On n'entendait de partout que gémissements et imprécations. Un filet d'eau pour environ six mille hommes!

Force fut de préposer un gardien à cette fontaine pendant le jour; pendant la nuit, ce n'était qu'une procession d'hommes attendant leur tour de boire.

Leur première idée fut qu'en les déposant à Cabréra on avait eu l'intention de les faire périr de faim. Aussi quel ne fut pas leur étonnement lorsqu'ils virent venir de Majorque les barques qui apportaient des vivres! On donna à chacun à peu près vingt-quatre onces de mauvais pain et quelques poignées de fèves : c'était là notre provision de quatre jours. Les officiers furent mieux traités. Quant à nous, la hiérarchie ne permettait pas que l'on fût aussi libéral : nous dûmes nous arranger de façon à ne pas manger plus de six onces de pain toutes les vingt-quatre heures. Six onces! il y avait là tout au plus pour un coup de dent.

Il est vrai qu'il restait les fèves; mais comment en tirer parti? Les uns essayèrent de les faire griller sur des charbons : elles étaient détestables; d'autres, ayant conservé de petits bidons en ferblanc, s'avisèrent de faire macérer leurs *gourganes* dans de l'eau, espérant les attendrir; mais cette eau, ils ne pouvaient la prendre à la fontaine : ils allèrent la puiser à une source saumâtre qu'on avait inutilement cherché à rendre potable. Il fallait voir, quand une fois les fèves étaient dans le liquide, avec quelle impatience, découvrant et recouvrant le bidon à toute minute, ils en pressaient la cuisson, et quand, après de longs intervalles, ils portaient à leur bouche quelques-unes de ces fèves, et qu'ils les trouvaient toujours aussi dures : *C'est donc l'âme du diable!* s'écriaient-ils en les jetant avec dépit. Plusieurs eurent la constance de les faire bouillir pendant quatre heures, et lorsqu'ils les retirèrent, elles étaient tout aussi coriaces.

Enfin, on prit le parti de les croquer dans leur état naturel, et de laisser à l'estomac délabré la peine de cuire cet aliment.

Six onces de pain! murmuraient les prisonniers, autant nous tuer tout de suite. Et beaucoup d'entre eux consommèrent en une seule fois ce qui était destiné à les sustenter pendant quatre jours. On avait beau leur recommander de modérer leur appétit : " Tant pis! répondaient-ils, nous en serons quittes pour nous serrer le ventre. „

Une distribution quotidienne aurait mis à l'abri de cette voracité, qui les laissait ensuite dans la plus déplorable pénurie : on les sollicita d'y consentir; on les pressa de se former par escouades de 12 à 15 hommes qui vivraient en commun; les sous-officiers seuls adoptèrent ces mesures d'ordre, et s'en trouvèrent bien. Les autres persistèrent à vouloir vivre isolément.

“ Mourir aujourd'hui, mourir demain, quand il n'y a plus qu'à souffrir, le plus tôt est le mieux, „ disaient-ils. Il y avait là des officiers dont les avis auraient pu diriger cette masse; mais l'excès d'infortunes avait presque détruit toute subordination, et l'on refusait de s'associer. C'est ainsi qu'un des soins les plus importants, celui de nous construire des retraites, fut longtemps négligé; et lorsqu'on s'en occupa, l'on ne mit pas dans le choix des lieux toute l'attention qu'il eût été convenable d'y apporter.

Sous nos frêles cabanes en branchages, nous étions garantis de l'humidité de la nuit, et le jour nous pouvions défier un soleil dont les ardeurs sont rarement tempérées par des nuages. Mais d'abondantes pluies survinrent; elles transpercèrent la feuillée qui nous couvrait, et il fallut songer à bâtir des habitations plus solides. Les apathiques trouvèrent plus commode de se réfugier dans des grottes humides, où presque tous périrent. Ceux à qui il restait quelque énergie, se mirent en devoir de rassembler des matériaux, afin d'élever les nouvelles demeures. La pierre ne manquait pas : nous l'avions sous la main. Il n'en était pas de même des pièces indispensables pour la charpente; nous ne pouvions les tirer que d'un bois de sapins qui, situé à l'extrémité est de l'île, était assez éloigné de l'endroit où nous voulions asseoir notre camp. Jusqu'alors nous étions allés y chercher des fagots pour la cuisson de nos aliments : maintenant il s'agissait de faire un abattis de gros arbres, et de les transporter à bras; les plus entreprenants et les plus robustes donnèrent l'exemple. Nous n'avions pas d'outils, nous en fîmes : avec des cercles de vieilles barriques on parvint à fabriquer des scies; la nécessité fit improviser des coins en pierre; nous tressâmes des câbles avec tous les brins de chanvre que nous pûmes rassembler; nous nous forgeâmes des cognées, et quand tout cela fut prêt, nous partîmes pour notre expédition.

Ce fut la moindre besogne que de jeter bas quelques troncs de sapins, et de les débarrasser de leurs branches; pourtant, durant cette fatigante opération qui dura plusieurs jours, que de sueur s'amoncela sur nos fronts et sur nos poitrines! que de *ha! ha!* il fallut pousser! Des travailleurs qui sont à jeûn et qui n'ont pour se restaurer que quelques gouttes d'une mauvaise eau panée, sont de bien tristes travailleurs. Les arbres abattus, il s'agissait de les enlever; ce fut là le moment critique : comment mouvoir ces pesants fardeaux? Les petites forces font les grandes quand elles sont habilement dirigées; malheureusement, nous étions si faibles! Il était tout naturel que les marins fussent les chefs de la manœuvre; ils la commandèrent. Allons, du courage! et ensemble : *oh hisse!*

Et l'on se décidait à gravir une montagne si escarpée, qu'elle en était presque verticale; à force de haltes, de reprises, on arrivait à la cime, où, tout hors d'haleine, l'on soupirait, en se reposant, un énorme : *nous n'en pouvons plus.* A la descente, il suffit de retenir : on respirait.

Mais il y avait une seconde montagne, puis une autre, et encore une autre; c'était désespérant. Cependant on en gravit plusieurs... la plus élevée restait à franchir... Oh! pour celle-là on ne la voyait jamais qu'avec effroi, on hésitait : " Eh bien! enfants, demandaient les marins, espérez-vous coucher là? Voyons, il faut appareiller. „

Alors on se passait la main sur le front, et on abordait avec une mollesse bien pardonnable le tronc qu'il fallait soulever : " Ferme! ferme! criaient les marins, les autres sur la corde, et ne larguez pas. „

Le tronc restait immobile, ou bien le mouvement d'ascendance se ralentissait : " Misère de Dieu! tenez bon dessous! il faut qu'il monte, ou qu'il dise pourquoi! Eh! vous reculez, vous autres! — Il nous entraîne. „

Passent dix, vingt hommes au bout pour le soutenir avec les épaules : " Mais, encore une fois, ça nous *échigne*, ça nous coupe les doigts! — C'est égal, allez, allez toujours... Soutenez, soutenez, garçons! vite, embecquetez vos bouts de bois et soulagez!... Empêchez-le donc de dévaler. Eh! en bas, vous ne faites donc rien? — C'est vous, plutôt. Sont-ils mous, ces chrétiens-là! Hale, hale dessus! — Eh! tonnerre, poussez. — La corde n'est pas seulement tendue! — Ahi! ahi! ça nous emporte. — Vous voulez donc nous faire écraser? Tenez bon; plus qu'un coup de collier, et c'est tout... *oh hisse!...* „

On se précipitait pour un dernier effort; mais à celui-ci les pieds glissaient, et il se relevait tout meurtri; celui-là examinait ses mains écorchées et couvertes de sang; un autre criait ses reins; un quatrième se plaignait d'avoir la jambe cassée. Il s'en trouvait aussi qui, ayant épuisé dans un choc trop violent le peu de vigueur qu'ils avaient, s'appuyaient haletants le poing sur le côté; plusieurs, en proie à une défaillance, gisaient évanouis sur le roc.

Nous n'avions plus la force d'aller plus loin; on murmurait: " c'est fichant, être venus jusque-là! s'être donné tant de mal pour avoir un si bel arbre, et se voir obligés de le laisser! „ Mais tous nos regrets n'y pouvaient rien: nous le laissions sur cette montagne, qui avait reçu de nous le nom de *Crève-cœur:* il y est encore; sans doute il y sera longtemps.

L'abattis terminé, nous commençâmes à élever nos baraques. Nous avions du sable; mais pour composer un ciment, il ne nous vint pas à la pensée de faire de la chaux : nous employâmes une terre argileuse, si peu liante et si peu propre à donner de la solidité à nos constructions, que les murs furent bientôt percés à jour, et plusieurs fois, quand redoublèrent les pluies, cependant très rares, les torrents, en se précipitant sur le flanc des rochers, détruisirent nos habitations. Nous remédiâmes à cet inconvénient autant que possible, et à un autre non moins grave en fabriquant des nattes, afin de fermer les ouvertures nécessaires; mais le plus grand embarras fut d'imaginer une couverture qui nous garantît d'être mouillés: jamais nous ne pûmes réussir à empêcher l'infiltration de l'eau. Cela était d'autant plus fâcheux, que longtemps nous n'eûmes pour nous reposer que le sol nu, et que lorsque, par la suite, on nous accorda un peu de paille, il s'y engendra des puces en telle quantité, que plutôt d'être dévorés tout vifs, nous préférâmes renoncer à cette litière.

Après les puces ce fut le tour de rats énormes : ces hôtes parasites nous incommodaient beaucoup. On leur donna la chasse,d'abord afin de s'en délivrer, et plus tard pour s'en nourrir. Nous trouvâmes que c'était un excellent gibier, et nous finîmes même par nous plaindre de ce qu'ils n'étaient plus assez nombreux.

Chaque jour des hommes se détachaient pour aller explorer les diverses parties de l'île. Ils y découvrirent des grives; bientôt il n'y en eut plus une seule; elles ne firent que passer, ainsi que d'autres oiseaux; notre industrie nous rendit promptement maîtres de tous ceux qui hantaient ces parages. Enfin, quand il n'y eut plus ombre de gibier, on s'attaqua aux lézards verts et gris, qu'on mangeait aussi; je ne sais le reptile, si révoltant que fût son aspect, qui eût pu obtenir grâce de notre dégoût.

Il n'existait dans l'île qu'un seul quadrupède, notre âne, bonne et paisible créature qui servait à tout, et qui, traité comme nous, recevait comme nous sa pitance.

Ce cher Robinson, il était notre enfant gâté: et comme il s'était civilisé avec nous! Il faisait de rudes corvées; mais il en était bien récompensé. Les soldats ne découvraient pas un brin d'herbe, qu'ils ne le cueillissent pour Robinson ; aussi avait-il les oreilles droites; son poil, exactement peigné, était devenu luisant, et lui n'était plus maigre à faire peur ; chacun aidait à sa toilette, chacun lui donnait, chacun le flattait de la main. Et qu'il était sensible à ces caresses! qu'il était intelligent ! qu'il était affectueux, notre ami Robinson ! L'appelait-on : aussitôt, par un mouvement de queue, il prouvait qu'il avait compris. S'il était de service, il ne se détournait pas de son chemin; sinon il venait tendre à nos baisers sa longue figure, dans laquelle il y avait tant de calme et d'aménité. On le trouvait toujours d'une humeur égale, comme un philosophe. Il était docile, n'avait point de caprices, ne mordait jamais, et toutes ses ruades se bornaient à quelques gambades pour rire: cela nous faisait plaisir. " Robinson est gai, disions-nous; tant mieux! au moins il y a quelqu'un d'heureux à Cabréra! „ Pour nous il était quelqu'un; et si un jour nous quittions l'île, nous nous promettions bien de ne pas l'y abandonner. " Sois tranquille, tu viendras avec nous, nous te ferons une haute paie, et tu auras de l'avoine autant que tu voudras. „ Il nous écoutait gravement en ouvrant de grands yeux; quelquefois il répondait par une incongruité à ces témoignages de notre amitié. Si bien élevé qu'il soit, quel âne est sans défaut? Cet écart, qui était encore du comique de caserne, excitait notre hilarité. " Il a dit *brisquet!* Il ne l'a pas dit, criait-on de tous côtés. Par ici, Martin! allons, viens, ne sois pas honteux. „ Il était étonné,étourdi; il regardait ébahi et comme confus; il ne savait auquel entendre.

Chaque soir Robinson était plus ou moins le sujet de toutes les conversations; on l'attendait, et l'on s'entretenait de lui. Enfin, sa voix répétée par les échos retentissait au loin. " Ah! disait-on, voilà Robinson qui a fini sa journée; il sonne le couvre-feu.„ On rentrait dans les baraques, et il ne tardait pas à faire sa tournée; il les visitait toutes, comme pour nous souhaiter la bonne nuit.

Le lendemain, dès l'aurore, il sonnait le réveil, et alerte et fringant, il se remettait au travail. Souvent il revenait harassé, et pouvant à peine jeter un pied devant l'autre : n'importe, il avait à s'acquitter d'un devoir, et il ne se couchait pas avant de nous avoir montré sa tête.

On le saluait alors d'un *bonsoir, Martin !* et à qui voulait le retenir on recommandait de ne pas le tourmenter. " Ne voyez-vous pas qu'il est fatigué ? faisait-on observer à l'importun ; allons, vieux, va dormir, ajoutait-on, tu l'as bien gagné. „

Il se retirait tranquillement, et malheur à qui se fût avisé de maltraiter Robinson, le doyen, l'ancien de l'île, le seul être sociable que nous y eussions rencontré ; on se fût battu pour lui.

Nous avions parmi nos vivandières la veuve d'un sergent; à bord des pontons, cette femme s'était consacrée jour et nuit au service des malades ; depuis, elle avait accouché pendant la traversée, et elle allaitait deux jumeaux, ce qui ne l'empêchait pas de saisir toutes les occasions de se rendre utile aux prisonniers lorsque le mauvais état de leur santé exigeait des soins. Ce fut en faveur de cette femme généreuse et encore belle que nous nous désistâmes de nos prétentions : on décida à l'unanimité que Robinson serait la haquenée des deux fils du sergent; c'était la vétérance que nous lui réservions.

Nous nous mîmes à explorer le rivage, dans l'espoir que la pêche serait peut-être plus avantageuse que la chasse. Quelques poulpes et divers coquillages furent d'abord tout ce que nous en pûmes recueillir: les rochers sur lesquels ils étaient attachés furent promptement dépouillés. La crevette se présentait assez fréquemment: nous en mangeâmes pour tromper notre faim; mais sa saveur saline avait toujours pour effet d'augmenter notre soif, et l'on sait que la disette d'eau était une raison bien puissante d'éviter tout ce qui était propre à nous altérer: nous renonçâmes donc à la crevette, et nous ne l'employâmes plus que pour nous servir d'amorce. Nous prîmes des poissons, mais si peu, que si nous ne nous fussions pas trouvés dans une situation à regarder comme une bonne fortune tout ce qui venait s'ajouter aux vivres qu'on nous donnait avec tant de parcimonie, ce ne serait pas la peine d'en parler.

Au milieu de ces circonstances critiques, il se forma un conseil d'administration composé d'officiers et de sous-officiers; le conseil tâcha de se mettre en relation avec les autorités espagnoles, et, afin d'avoir un intermédiaire capable de les recommander auprès d'elles, il commença par lui faire la demande d'un ecclésiastique, dans le sein duquel les prisonniers pussent trouver quelques consolations. On nous envoya de Palma *el segnor Damian Estebrich;* ce n'était qu'un prêtre espagnol, assez ignorant; et pourtant au fond encore bonhomme, quoique fanatique. En disant comme lui, les chefs qui le voyaient habituellement surent capter sa confiance; il appuya leurs réclamations auprès de la junte de Palma, et le succès de plus d'une requête qu'on adressa à cette junte ne fut dû qu'à son intercession; mais jamais nous ne pûmes obtenir qu'il fût établi des magasins, afin d'assurer notre subsistance dans le cas où le mauvais temps empêcherait les barques de mettre en mer ; jamais non plus on ne nous accorda aucun vêtement: et cependant, à notre descente dans l'île, la plupart des prisonniers étaient sans souliers, et n'avaient que des haillons; il vint un moment où l'on put nous classer en *presque nus* et *nus*, absolument nus.

Mais le tourment le plus horrible, c'était la soif: on ne savait comment se désaltérer, on se roulait dans la bouche de petites pierres, ou des débris de coquillage. Il n'y avait que la natation qui tempérât pour un moment cette cuisante ardeur; mais tout en nous baignant la soif nous tuait. Les Espagnols se décidèrent enfin à envoyer des ouvriers pour creuser un puits dont nous ne retirâmes que des secours insuffisants, et bientôt après ils prirent le parti de nous expédier de temps à autre, avec la barque au pain, une seconde barque chargée d'eau. Elle vint deux fois. A son troisième voyage, neuf marins de la garde l'épièrent : dès que les barriques furent à terre, à un signal convenu ils s'élancèrent ensemble, et sans laisser aux Espagnols le temps de se reconnaître, ils se rendirent maîtres de la barque, dans laquelle aussitôt ils s'éloignèrent rapidement au bruit des acclamations de tous les prisonniers, qui faisaient des vœux pour qu'on ne pût pas les atteindre; et en effet les canonnières, alors sous voile à l'est de l'île, n'ayant pas été averties à temps, ne les atteignirent pas. Hélas! à compter de ce jour, il ne vint plus d'eau, et tous nos malheurs recommencèrent.

Tant de privations finirent par enfanter mille maladies. Bientôt on releva des morts partout, dans les baraques, dans les lieux écartés, et jusque dans le milieu du camp. La mortalité faisait de tels progrès, que notre aumônier crut devoir en donner avis à la junte, qui mit à notre disposition quelques tentes. On les dressa au sud-ouest de l'île, à peu de distance de la fontaine d'eau douce et de l'endroit où se faisait la distribution des vivres. Ces tentes, adossées à des rochers, et sous chacune desquelles on jetait quatre ou cinq malades, furent décorées du nom d'hôpital.

A peine étaient-elles élevées, que je tombai malade, comme pour en faire l'inauguration. On m'y porta les jambes traînantes, et je fus installé dans l'une de celles qui occupaient la hauteur sur la pente de leur emplacement. Là, nos chirurgiens (1) s'empressèrent de nous prodiguer les soins qui dépendaient de leur zèle; mais leur pharmacie était si pauvre, qu'ils n'avaient guère la possibilité de varier les médicaments: c'était toujours le kina et l'acide sulfurique, qui étendu d'eau, quand on en avait, était notre unique tisane, je dirais presque notre panacée universelle.

Les tentes n'étaient pas debout depuis trois jours, et elles regorgeaient quand, pendant la nuit, éclata le plus terrible des orages; des torrents d'eau descendaient des montagnes; c'était comme un déluge. Enfin les ténèbres se dissipèrent et le calme revint.

Je fis en sorte de me traîner hors de notre tente... O Dieu! elle était seule!... seule elle avait été épar-

(1) Ils étaient au nombre de cinq : c'étaient MM. Valin, Joly, Pelletier, Cruzel et J.-A.-J. Thillaye, tous sous-aides.

gnée, grâce à l'épaulement qui la garantissait. Ces nappes d'eau qui se précipitaient le long des rochers, avaient tout entraîné, c'était un spectacle à fendre le cœur. Pauvres infortunés! qu'on apercevait roulés dans le sable et dans la fange au pied de la colline, ceux-ci morts, ceux-là expirants.

Cependant la nouvelle d'un événement si funeste avait jeté l'alarme : les prisonniers étaient accourus sur ce terrain, tournant et retournant les corps, afin de les indiquer aux chirurgiens, et au milieu d'eux circulait aussi, crucifix à la main, bréviaire sous le bras, notre aumônier, qui était arrivé sur le lieu de cette scène affreuse comme l'ange-trompette du jugement dernier, souffler parmi nous l'esprit d'une sainte terreur.

“ Pécheurs, criait-il, en poursuivant de son viatique ceux dont les chirurgiens s'occupaient de panser les blessures, reconnaissez le doigt de Dieu; hâtez-vous d'implorer votre pardon. — Eh bien! oui, c'est le doigt de Dieu ! lui disait-on ; mais pour Dieu, au nom de Dieu, laissez nous tranquilles. „ Le prêtre n'en insistait pas moins. A la fin, la patience échappait. “ Eh ! f....-nous la paix ; vous ferez votre affaire après ; „ et cette rebuffade, qu'il s'était attirée par ses obsessions, ne le décourageait pas. Dans la catastrophe qui nous consternait, il avait trouvé un trop beau texte pour ne pas donner carrière à la fougue ascétique de son patriotisme espagnol.

On venait de découvrir, presque enfoui dans les débris de l'alluvion, un jeune soldat dont le scorbut avait détruit la moitié de la face. Chacun exprimait sa surprise de ce qu'il était vivant ; on regrettait que cette épouvantable nuit n'eût pas été pour lui la dernière. Pendant qu'on enlevait avec précaution l'épaisse couche de sable dont le visage était couvert, *el segnor Damian Estebrich,* sans crainte d'interrompre les soins qu'exigeait la position de ce malheureux, s'approcha du groupe, et, frappant sur l'épaule des assistants, non moins stupéfaits que douloureusement émus, il commença de débiter son homélie. " Encore une fois, au diable! retirez-vous, lui disait-on; nous n'avons que faire de vous ici. „

Mais non, il fallut que ce missionnaire de malheur achevât : d'une voix lugubre et stupidement prophétique, il prononça que dans cette circonstance Dieu avait tout fait; que ce Dieu tenait un orage tout prêt pour ceux qui oseraient murmurer contre sa juste colère; que nous étions des réprouvés, des impies. Il fit intervenir dans ce sermon les noms de Sodome, de Gomorrhe, des Philistins, des Moabites, des Ammonites; il passa en revue tous les châtiments de la Genèse, et quand il vit qu'au lieu de l'écouter, on demandait à cor et à cris de la charpie et du linge pour envelopper la tête du soldat, il regagna lentement sa demeure, en se signant et en lisant son bréviaire.

Il n'y avait pas un lambeau de chemise à arracher pour le soulagement de ce soldat, et pourtant il vécut encore en ce pitoyable état plus de deux mois, conservant un appétit qu'il était difficile de satisfaire, et présentant quelquefois dans l'ensemble des symptômes de sa maladie une diminution d'intensité, qui probablement aurait abouti à la guérison, si nous eussions été placés dans des conditions moins défavorables.... Longtemps avant qu'il mourût, son profil, dont les os mis à nu étaient presque blancs, n'était plus que celui d'une tête de mort... Il marchait ainsi, et nous ne le voyions jamais sans nous demander : N'y a-t-il pas de l'inhumanité à laisser exister un être aussi souffrant? — " Ah ! disaient ses camarades, quand ils passaient à côté de lui le plus rapidement possible, que celui qui lui mettrait du plomb dans la cervelle lui rendrait un fameux service! „

Dès que les tentes furent relevées, on y réintégra les malades. Ce ne fut que le bien petit nombre que l'on parvint à rendre à la santé; les autres succombèrent. Durant la première quinzaine, il mourait de douze à quinze individus par jour, et cela seulement dans l'hôpital : personne ne voulait se charger de les enterrer. Pour prévenir les dangers de l'infection, on brûlait les corps; mais il fallut renoncer à cette méthode : outre que ce spectacle était affreux, souvent la combustion n'était pas complète, et l'on retombait dans l'inconvénient des émanations putrides. On fut donc forcé de revenir à l'usage d'enterrer, et cette fois chacun sentit qu'il était de l'intérêt de tous de se conformer à la nécessité. La difficulté du transport fit choisir pour la sépulture un endroit peu éloigné de l'hôpital : on l'appela la Vallée des Morts; elle se remplit bientôt: mais les fosses, à raison de la nature du terrain, et surtout à cause du manque d'outils convenables pour les creuser, avaient peu de profondeur : aussi, par les fréquentes averses qui tombaient, était-on souvent obligé de recouvrir les cadavres.

Plus notre séjour se prolongeait dans l'île, plus il y avait d'isolement entre les prisonniers. Il n'y avait plus que l'attente toujours si impatiemment désirée de la barque aux vivres, qui pût donner l'idée de nous rapprocher. Elle devait revenir le quatrième jour après son départ. Alors, dès le matin, souvent il n'était pas jour, on voyait tous les prisonniers se succéder par petits pelotons sur le chemin.

Le premier qui apercevait une voile se dirigeant vers l'île, donnait le signal par un cri de joie. " Voilà la barque au pain! la voilà! „ et quand elle entrait, cette barque, on se pressait pour la saluer, on dansait, on sautait, on chantait, on se livrait à mille folies; c'était un délire. On courait à la distribution, et chacun, en recevant sa part, ne manquait pas de dire avec un soupir : — Allons, nous ne mourrons pas encore aujourd'hui!

L'instant d'après, des fumées s'élevaient dans l'aïr : de loin on eût dit un village dont les fortunés habitants faisaient les préparatifs de quelque bombance. Cependant l'eau bouillait; on tenait son pain, pour la plupart du temps déjà moisi, on le regardait, on en faisait scrupuleusement quatre parts égales, pour aujourd'hui, demain et les deux jours suivants : " aujourd'hui, se disait-on, je me contenterai de la soupe. „ On mettait un des morceaux dans le bidon, et c'était le pot-au-feu; puis, dès qu'il y était, on se laissait raisonner par son estomac; " deux morceaux ce n'est pas trop; et puis quand on n'a rien mangé la veille, il est bien juste qu'on se récompense le lendemain : „ alors un second quart allait retrouver le premier. Enfin la soupe était dressée. On avalait le bouillon : c'était de l'eau, rien que de l'eau, et encore quelle eau: " allons, un quart de plus! „ le troisième quart y passait, et l'on en faisait sauter les miettes.

Ce repas terminé, et il n'avait pas été long, on tournait, on retournait le quart restant, on ne le considérait plus qu'avec une sorte de remords, et pour ne pas s'exposer à l'entamer, on se sauvait bien vite de sa baraque. Dehors, on rencontrait les camarades : en s'abordant, la question était toujours : " Eh bien! comment cela s'est-il passé? as-tu bien dîné? — Oh! je me suis fait une fière bosse : deux quarts en soupe, un quart à la main. — Et moi, deux quarts à la main, un quart en soupe. „ Et en entendant la demande et la réponse, ceux qui avaient été plus ménagers, ne manquaient jamais de dire : — " A présent, vous êtes de frais *cocos;* six onces de pain pour trois jours : il faudra vous brosser le ventre, et encore qui sait si au bout du temps la barque arrivera! — Taisez-vous donc, leur répliquait-on, vous êtes des oiseaux de mauvais augure; et quand elle n'arriverait pas, je me suis fait une bosse... „

Mais la prédiction ne se réalisait que trop souvent. Une première fois, le temps contraria si bien la marche de la barque, qu'elle fut en retard de quatre jours. L'île alors retentit de cris d'angoisse.

Le 25 février 1809, nous attendîmes vainement que la barque parût, et les jours suivants ne firent qu'empirer notre situation. Elle devint affreuse; ceux à qui il restait encore un peu de force, se traînaient sur les pieds et sur les mains jusqu'au sommet des rochers, pour tâcher de voir si quelque voile ne blanchissait pas à l'horizon. La journée se passait et ils n'avaient rien aperçu. Bientôt, le chemin qui menait au camp fut couvert de nos camarades tombés exténués de besoin: " Arrive-t-elle? demandaient ceux qui pouvaient encore proférer quelques mots; d'autres venaient de rendre le dernier soupir. Tout à coup une espèce de frénésie s'empara des moins faibles: " Périr pour périr, disaient-ils, faisons un coup; „ et dans la fermentation de leur cerveau ils parlaient d'enlever à l'abordage les deux canonnières qui nous gardaient. C'eût été tenter l'impossible; car les Espagnols, prévoyant les effets de notre désespoir, avaient pris leurs précautions. Le délire ne fit que s'accroître; tous étaient agités d'une fièvre brûlante: il y en eut qui expirèrent dans des convulsions horribles; des symptômes de rage se manifestèrent chez plusieurs: la pierre, le bois, ils voulaient tout dévorer; on ne pouvait sans danger approcher d'eux.

Dans cette fatale circonstance, plus de cent cinquante d'entre nous étaient morts de faim, et l'on ne voyait plus rien à manger que Robinson. Le sacrifice en fut fait après quelque opposition et une discussion assez longue: il en coûtait d'en venir là. Nos chefs ordonnèrent de tuer notre âne, qui avait pourtant rendu de si grands services. Cruelle exécution, et que nous déplorions tous ! Hélas ! oui, ce pauvre âne, on le mit à mort : il me semble encore le voir. Il venait là si paisiblement! Il tomba, et de sa dépouille on fit *quatre mille cinq cents morceaux !* Chacun de nous eut pour sa part à peu près trois quarts d'once de sa chair, dont on fit du bouillon.

Le 1er mars, le lendemain de la mort de l'infortuné Robinson, le petit nombre de ceux qui ont pu encore ramper jusqu'au sommet de la montagne annoncent enfin l'arrivée de la barque aux vivres. A cette nouvelle le vertige cesse. On se lève, on marche avec une joie frémissante, en riant convulsivement, et en tendant les mains vers la plage.

La barque ne fut pas sitôt amarrée, que l'on distribua à chacun un pain : il y en eut qui l'engloutirent et qui périrent victimes de cette avidité. Un jour plus tard, les Espagnols n'eussent trouvé personne de vivant. Parmi ceux qui résistèrent à cette épouvantable famine, quelques-uns s'étaient soutenus en mangeant des orties cuites dans de l'eau salée; moi, je mangeai du trèfle; plusieurs firent bouillir une espèce de plante marine qui avait la saveur acide de l'oseille, mais dont on ne pouvait avaler quelques cuillerées sans éprouver immédiatement après dans l'estomac la sensation d'un fer chaud; d'autres se nourrirent d'une racine tuberculeuse qui avait quelque apparence de la pomme de terre, mais qui était d'une âcreté insupportable (1). La santé de ces derniers en fut considérablement altérée : ce tubercule que, dans l'ivresse de la découverte, nous avions appelé *une patate*, était un poison.

(1) Cette plante, que l'on trouvait sous les rochers, est très voisine du genre *colchicum ;* mais elle ne lui appartient pas. (Note empruntée à une thèse du docteur Thillaye, imprimée en 1814.)

On ne pouvait nier que la mort de notre âne n'eût racheté la vie à peut-être tout ce qui restait de prisonniers ; mais de ce que nous ne l'avions plus, il résulta un bien grave inconvénient: nos malades, dont il avait été jusque-là le pourvoyeur à la fontaine, furent réduits à boire une eau saumâtre et vaseuse. Il est aisé de sentir quels maux dut produire un pareil régime.

Après le retour des officiers de Palma, le camp prit un aspect moins sombre; des cantines, des salles de spectacle et de danse furent établies. On appela cet amas de cahutes le *Palais-Royal.* Nous plaçâmes notre théâtre dans une citerne. Des pièces rédigées de mémoire furent apprises et mises en scène, ce qui nous attira la visite de nos gardiens. Nous avions notre Talma, et même notre Brunet. On singeait les premiers sujets de Paris, et nous trouvions cela parfait. Seulement, nous n'avions pas d'actrices; de toutes les femmes qui partageaient notre captivité, il n'y en avait pas une à qui l'on pût confier un rôle. Le genre de dissipation que procurait le théâtre produisit le meilleur effet; mais ce ne fut guère que pour ceux qui avaient été élevés au sein des villes: les autres étaient taciturnes, se refusaient à toute espèce d'exercice, et recherchaient les lieux écartés pour se désoler à leur aise. Plusieurs musiciens, nos compagnons d'infortune, avaient été assez heureux pour sauver des instruments; d'autres parvinrent à s'en procurer, et nous eûmes bientôt des concerts réglés, dans lesquels on exécutait plusieurs airs nationaux qui nous électrisaient toujours. Enfin on institua une loge maçonnique, qui rendit plus fréquents les rapports de mutuelle bienveillance.

Le Palais-Royal devint comme le centre de notre colonie; des Espagnols de l'équipage des canonnières vinrent en ce lieu fonder deux ou trois établissements: on y tenait des galettes, du biscuit, du vin, des oignons, de la poterie, des piments et des caroubes. Tout cela était vendu vingt fois sa valeur; mais enfin, quand on avait de l'argent, on s'estimait encore heureux de pouvoir acheter ces objets; et puis alors nous n'étions plus aussi dépourvus de notre nécessaire. Cette demi-aisance n'étonnera pas si on songe que, malgré les funérailles de près de trois mille de nos camarades, les Espagnols n'avaient pas cessé d'envoyer le même nombre de rations. Cet excédant fut réparti entre les chefs de corps, qui seuls dressaient les états de situation. Tout le monde était intéressé à garder le secret; mais notre bon temps passa vite: nos ennemis s'avisèrent de faire un nouveau recensement, et plus tard des revues périodiques, dans lesquelles le même individu trouvait quelquefois le moyen de s'escamoter et de reparaître, afin de compter pour deux. Ces revenants étaient ce que nous appelions des *hommes de bois*.

Le soldat français ne peut rester oisif: quand il n'est pas malade, il faut qu'il cherche, qu'il remue: or, l'impossible était de défricher une île toute de rochers et de cailloux; c'était encore de trouver un engrais suffisant et surtout d'arroser. Aussi les semences se contentèrent de poindre, et une fois fanées et flétries, des flots d'eau saumâtre ne purent les engager à lever la tête, ou si quelqu'une s'en avisa pendant la nuit, le soleil du lendemain vint la rôtir. Il fallut renoncer à ces essais, que plus tard on reprit pourtant avec plus de succès ; mais notre aumônier s'était adjugé l'unique coin de terre qui fût véritablement propre à la culture : il y faisait venir du coton ; il se proposait aussi d'y semer du lin pour nous faire des chemises à tous, disait-il avec un ton de grossière raillerie. Un jour on se vengea de ses duretés en lui volant des raves énormes : dès ce moment il se fit de plus en plus un malin plaisir de nous désespérer. Un prisonnier lui disait-il, à ce vilain grêlé de camard : *Padre,* croyez-vous que nous soyons encore ici pour longtemps ? — Vous en sortirez, répondait-il avec sa figure chafouine et en faisant ses petits yeux, quand ces arbres porteront des fruits ; „ et il nous montrait des drageons de figuier qui s'élevaient à peine de terre... „

D'autres fois il nous condamnait pour l'éternité : “ *Vous quitterez Cabréra quand ma canne fleurira.* „ C'était encore son mot.

Le quartier de la fontaine, dont l'eau nous suffisait à peu près depuis que nous étions moins de monde, était le seul un peu vivant ; c'est là qu'une petite industrie prit naissance : on y tenait débit de paniers d'osier, de cannes, de tabatières sculptées, de couverts de bois. Tous ces menus ouvrages étaient transportés par la barque au pain, et avec le produit de leur vente, les prisonniers qui les fabriquaient purent de temps en temps se procurer un verre de vin à la cantine. Je sus comme ces derniers améliorer ma condition : j'enseignai à lire aux cambusiers, ce qui me valut un supplément de deux pains par mois et quelques douceurs.

C'était à qui se créerait une ressource. On ne nous donnait pas de sel pour assaisonner nos aliments: eh bien! il y en eut qui se firent marchands de sel ; et où allaient-ils le chercher? sur la cime de rochers à pic que la lame avait couverte pendant les tempêtes. Pour l'appât de quelques fèves, qui étaient notre monnaie courante, ces intrépides grimpaient en fourrant les pieds et les mains dans les fissures, et redescendaient de la même manière quand ils avaient fait leur provision d'un sel très blanc provenant de l'eau, dont l'air et le soleil avaient opéré la vaporisation. Dans ces ascensions, plus d'un se rompit le cou, sans que les autres en fussent découragés. On tenait généralement si peu à la vie! Malgré l'effet bien constaté des patates vénéneuses, on s'obstinait à en manger.

A peu près à une demi-lieue au sud-est de Cabréra, existe une autre île qui nous présentait l'aspect d'une touffe de bois incessamment battue par les ressauts sur un fond de rochers à fleur d'eau. Un dragon nommé Coutant, homme déterminé et habile nageur, se mit en tête de faire le trajet : il parvint dans l'île, et après avoir percé un épais fourré de broussailles, il reconnut qu'elle était pleine de gibier ; l'hirondelle de mer, et surtout le lapin, s'y montraient à foison. Il en tua un grand nombre, seulement avec un bâton, et revint bientôt, traînant à la remorque le produit de sa chasse, posé sur une espèce de radeau en roseaux, qu'il s'était attaché au corps.

Coutant eut des imitateurs : tout ce qu'il y avait

de bons nageurs voulut à son tour descendre dans l'île. Les premiers à la visiter furent ceux d'entre nos malheureux camarades que nous appelions les *Tartares,* parce qu'ils mangaient en vingt-quatre heures leurs rations de quatre jours, et que, n'ayant point de camp spécial, ils rôdaient sans cesse, cherchant à assouvir leur faim. Plusieurs périrent dans le trajet; mais les plus entreprenants de cette troupe nomade qui menait la vie du désert, n'en firent pas moins habitude d'aller tendre des collets dans l'îlot, que nous nommâmes *l'Ile-aux-Lapins.* Souvent il leur arriva d'y être surpris par une grosse mer et d'y rester une semaine entière, sans autres vivres que le gibier cru qu'ils avaient pris.

Tandis que les uns ne songeaient qu'à la chasse, d'autres, et j'étais de ce nombre, n'étaient préoccupés que du désir de recouvrer leur liberté. Une première évasion avait eu lieu; nous projetâmes d'en tenter une seconde, conçue sur un plan plus vaste. Un jour les barques arrivèrent tard et durent remettre leur départ au lendemain. Elles étaient mouillées près des canonnières. On tint conseil dans la baraque des marins de la garde, puis ensuite à la cambuse, où l'on était plus à l'aise pour délibérer. Entre une trentaine que nous étions, il fut arrêté que pendant la nuit on irait couper les bosses des chaloupes des barques : c'était Bonnet, fourrier des marins, un autre et moi, que l'on avait chargés de cette expédition. L'opération terminée, nous devions en silence amener les chaloupes, y embarquer le plus grand nombre possible de nos affidés, armés soit d'instruments tranchants, soit de bâtons, puis en dix coups d'aviron arriver sur la canonnière la plus proche, sauter sur le pont et surprendre l'équipage endormi. Une fois maîtres de celle-ci, nous nous emparions de la seconde, nous donnions la chasse sur les côtes à toutes les barques de pêcheurs que nous pouvions rencontrer, et nous revenions avec cette escadrille rendre nos frères à la liberté. Alors quel triomphe! quelle joie! En trois jours, nous touchions les côtes d'Espagne occupées par les Français!

Cette belle illusion nous tint en haleine une grande partie de la nuit. Vingt fois nous fûmes sur le point de nous mettre à l'eau; mais toujours on entendait un bruit de voix dans la barque au pain; bref, ce bruit qui cessait et qui reprenait dura jusqu'au jour: nous dûmes alors abandonner notre entreprise et rentrer dans nos barques.

Cependant les idées d'évasion fermentaient de plus en plus: je n'en dormais pas. Plusieurs officiers, sous-officiers et marins de la garde résolurent de construire un canot qui pourrait contenir une vingtaine d'hommes: on voulut bien me faire participer à ce projet. M. Gérodias, l'un des officiers, devait présider au travail. On abattit des arbres, on les laissa sur place quelque temps, puis on profita de la nuit pour les équarrir et les transporter au nord-est de l'île, dans une grotte que nous avions découverte, et qui était très propice pour l'espèce de chantier que nous allions établir.

Deux des marins de la garde, dont l'un se nommait Mantelet, étaient les plus experts en ce genre de construction; ils se mirent à l'œuvre avec une telle ardeur, qu'en peu de jours le canot fut sur le point d'être terminé. Rien ne semblait plus désormais s'opposer à notre délivrance, lorsqu'un matin, une douzaine d'Espagnols s'étant glissés dans la grotte, pendant que nos officiers y étaient, fondent sur eux le pistolet au poing; nous étions sans armes, et dans cette cruelle position, le seul parti à prendre était de nous dérober par une prompte fuite à la colère des Espagnols. Le lendemain les officiers furent embarqués sur les canonnières, et nous n'en entendîmes plus parler.

Un jour, la barque au pain, contrariée par le gros temps, était en retard de quarante-huit heures: enfin elle arriva; mais la mer était tellement agitée, que dans l'impossibilité d'entrer dans le port, il fallut aborder dans une baie voisine. Nous étions au moins deux mille affamés sur les rochers, attendant qu'on débarquât les vivres. Déjà l'on commençait à les descendre à terre, et nous hâtions de nos vœux le moment de la distribution, quand sur la barque nous aperçûmes une vingtaine de marins de la garde qui, après s'être débarrassés des Espagnols, se dépêchent de hisser les voiles. Quel émoi pour les prisonniers en voyant leur pain et leurs fèves prendre le large! Ce ne fut qu'un cri. En même temps, une grêle de pierres qu'ils lancent, sans discontinuer, de toute la force de leurs bras, tombe sur les fugitifs. Jamais bombardement ne fut mieux nourri: les malheureux, tous blessés plus ou moins grièvement, n'eurent que le temps de chercher leur salut dans les flots, et de regagner terre à la nage, au milieu des plus grands dangers; plusieurs furent assommés à coups de rames : les Espagnols ne les épargnèrent pas. A nos yeux, nos camarades n'avaient eu qu'un tort, celui de n'avoir pas attendu que la barque fût vide; on pardonna à ceux qui s'échappèrent, et la distribution continua.

Peu de temps après, arriva l'ordre d'embarquer pour l'Angleterre les officiers et les sous-officiers : ils mirent à la voile le 29 juillet 1810; il ne resta avec nous qu'un lieutenant, M. Vial, qui devint le commandant du camp.

Un soir, je me promenais loin du camp, avec quelques camarades, lorsque dans une baie située à l'est-sud, nous aperçûmes des tisons éteints entre plusieurs pierres qui semblaient avoir été disposées pour recevoir une marmite. Ce fut pour nous un indice que les pêcheurs majorquins descendaient quelquefois à terre, et il nous vint la pensée de les surprendre; mais après avoir souvent passé des nuits entières à les épier, nous en fûmes pour nos fatigues.

Il s'écoula encore près d'une année. Dans cet intervalle de temps, je me prêtai, sans trop d'espoir de succès, à l'idée d'une nouvelle évasion sur un canot. Ce fut un de mes camarades, nommé Cotillard, qui m'avait engagé à m'associer à ce projet. Le canot devait recevoir six personnes; mais quand il fut à la mer, il n'en put contenir que cinq, et il faisait eau... Il fallait qu'un de nous restât : j'étais venu le dernier ; je m'exécutai de la meilleure grâce qu'il me fut possible. Cotillard pleurait; il me prit la main : — " Vous le voyez, me dit-il, vous ne pouvez partir, j'en suis désespéré... -- Allez, répondis-je, et soyez heureux !

Je les suivis des yeux jusqu'à ce que l'obscurité et l'éloignement les eussent fait disparaître. Alors je me couchai à plat ventre pour démêler au moins le bruit de leurs avirons; bientôt je cessai de l'entendre... Leur départ resta inaperçu, et ils arrivèrent heureusement à Barcelonne.

Vers juin 1811 (il y avait alors plus de deux ans que j'étais dans l'île), je fis la connaissance de prisonniers amenés récemment de Catalogne. Parmi ces derniers, était un sergent-major, militaire intrépide s'il en fut jamais : il était Lyonnais, et se nommait Alleigne. Ce nouveau compagnon me mit en rapport avec des hommes non moins déterminés. Je ne doutais pas de leur hardiesse; mais avant de m'ouvrir à eux, je voulais pouvoir compter sur leur discrétion. Dès que je m'en crus assuré, je leur fis part du projet que j'avais formé de m'emparer d'une barque de pêcheurs. Ils l'adoptèrent avec transport, bien que l'exécution leur parût chanceuse, et ils me confièrent le soin de les diriger.

Un lieu de rendez-vous fut assigné, et chacun jura sur l'honneur de garder le secret. Les pêcheurs majorquins tenaient leurs barques à distance, et n'approchaient de la côte qu'avec précaution. Il fallut donc rêver à quelque expédient : celui d'un grappin que je proposai fut accepté; mais où se procurer ce grappin?

A cette époque, notre aumônier, toujours occupé d'étendre ses cultures, faisait miner un rocher qui le gênait. Pendant la nuit nous enlevâmes une des pinces qui servaient à ce travail : un boulet de canon trouvé dans l'île nous tint lieu d'enclume, et nous eûmes bientôt fabriqué un soufflet avec la peau de nos sacs. Notre grappin fut forgé *grosso modo;* divers chaînons solidement rivés y furent adaptés dans une longueur de huit pieds, et nous y ajoutâmes tout ce qu'il fallait de corde pour atteindre celle des barques qui viendrait raser la côte de plus près.

Je fis observer à mes camarades qu'une provision de vivres et d'eau était indispensable: cette proposition faillit tout gâter... Nos rations étaient si chétives! Cependant comme en cas d'insuccès on devait retrouver cette réserve, on souscrivit à tout, et au bout d'une quinzaine de jours nous nous jugeâmes en état de tenir la mer.

Dans la première nuit de juillet 1811, nous transportâmes en silence nos vivres et notre grappin, et, parvenus à la côte de l'ouest,où les barques venaient le plus fréquemment, nous cachâmes le tout dans des trous de rochers. Notre coup de main ne pouvait s'effectuer que pendant la nuit, car il fallait non-seulement tromper l'œil des pêcheurs, mais encore celui de nos compagnons; notre misère était si grande que, dans l'espoir d'obtenir quelques fèves de plus, un de ces infortunés aurait pu nous dénoncer : plusieurs exemples de ce genre nous rendaient méfiants.

Le lendemain nous retournâmes au poste pour y épier l'arrivée des bateaux; pas un ne se montra.

Pendant près de trois semaines nous continuons ce manége pénible.

Il s'en fallait que nous fussions à notre aise, épuisés par les veilles de la nuit, par la lieue à faire soir et matin à travers de hautes montagnes, dont les pierres anguleuses déchiraient les pieds, et surtout par le manque de nourriture, depuis que nous nous étions fait la loi de ne consommer qu'un quart de nos rations.

Le 16 juillet, nous approchions du rendez-vous. Il devait être neuf heures. Un de nos compagnons, parvenu le premier au haut de la montagne, se retourne, et nous crie à voix basse: " Avancez... deux bateaux... vite, vite ! „ Nous grimpons comme des chamois. O bonheur ! les deux bateaux sont là sous nos yeux... Respirant à peine, nous nous prenons les mains.

Quelques-uns prétendent qu'il faut s'arrêter pour tenir conseil.

" Comment donc ! réplique Alleigne, est-ce une plaisanterie? Ne savons-nous pas depuis longtemps ce que chacun doit faire? Descendons... Cette occasion ne se représentera jamais. — Oui, oui, répétons-nous ; il n'y a plus à reculer... Allons, allons ! „

Et nous descendîmes la côte avec les plus grandes précautions. La moindre pierre en roulant pouvait éveiller l'attention des pêcheurs. Le temps était superbe, le vent frais et favorable. Arrivés à l'endroit de notre embuscade, nous fîmes nos dispositions dans le plus grand silence. Des épreuves réitérées ayant eu lieu quelques jours auparavant, Leroy, caporal de grenadiers au 121e, le plus vigoureux d'entre nous, s'était trouvé en même temps le plus adroit. C'est lui qui devait lancer le grappin.

Nous étions quatorze. Six, à la tête desquels était le brave Alleigne, devaient se ranger sur la corde pour haler le bateau dès que le grappin y serait tombé. Quatre (j'étais de ce nombre) devaient, armés de pierres, effrayer les Majorquins par un feu de file, et sauter à bord dès que la distance le permettrait. Quatre autres, enfin, devaient rester sur la rive pour arrêter les Espagnols qui pouvaient, après avoir gagné terre à la nage, gravir la montagne, et donner l'éveil aux canonnières.

Nous attendions dans une extrême anxiété. Bientôt l'un des deux bateaux change de direction et double une pointe de rocher : nous le perdons de vue. Déjà la moitié de notre espoir nous est échappé, il semble qu'on nous arrache l'âme; cependant l'autre reste : il s'éloigne, se rapproche, dévie légèrement. Nous sommes sur les épines.

Enfin, vers onze heures et demie, je juge l'instant venu. Mes hommes sont à leur poste. Inquiet, je regarde de tous mes yeux celui qui tient dans la main toutes nos espérances, je le vois s'apprêter, affermir ses pieds sur la roche glissante. Et nous, l'oreille attentive, courbés comme si un poids dont la chute doit nous écraser était suspendu sur nos têtes, nous écoutons.... Une demi-minute, qui nous parut un siècle, s'écoula..... Le grappin est lancé; nous aurions voulu le retenir. Nos poitrines étaient serrées. Mais un bruit de fer se fait sur le pont : les Majorquins poussent des cris, le grappin est arrivé!.. On tire promptement sur la corde, la barque vient, et nous nous précipitons, jetant des pierres, sautant à bord, renversant tout. Les Espagnols se blottissent le long du plat-bord. Ils étaient six, et nous n'étions encore que quatre : ils s'en aperçoivent, et s'élancent armés de tout ce qu'ils ont pu trouver sous leurs mains. Chazé, l'un de nous, est blessé à la jambe; mais Alleigne et un autre sont accourus, et la fureur triple nos forces: en un clin d'œil le pont est balayé; trois des Majorquins sont jetés à la mer; les autres se précipitent par l'écoutille au fond du bateau, où nous les tenons prisonniers. " A vous! crions-nous à ceux qui gardaient la côte.... à vous! trois hommes à la mer!„ On les guettait, on les saisit à leur arrivée à terre, on les force de se rembarquer. Pendant ce temps, quatre de ceux qui avaient tiré sur la corde s'étaient portés à quelques pas de là et revenaient à toutes jambes avec les vivres et notre petit baril d'eau.

Le coup fait, il était urgent de quitter la côte. Le pont du bateau était couvert d'ustensiles propres à la pêche: nous les faisons disparaître, et je me hâte de monter le gouvernail, de mâter, de hisser les voiles. Alors, à l'aide de quelques avirons, vite, vite, nous nous éloignons et, m'orientant sur les étoiles, car nous n'avions point de boussole, je mets le cap au nord, direction qui devait nous conduire entre Barcelonne et Tarragone. Le vent était sud-est; nous ne pouvions le désirer plus favorable.

Une fois au large, nous songeâmes à nos prisonniers. Étourdis du coup, ils nous regardaient faire. Pour lier conversation avec eux, nous les obligeâmes à échanger leurs vêtements contre nos haillons. Trois de leurs défroques étaient mouillées: c'étaient celles des pêcheurs jetés à la mer, et au nombre desquels était le patron de la barque, homme d'une cinquantaine d'années. Heureusement leurs grosses capotes et leurs bonnets étaient restés sur le pont, et nous nous en servîmes pour braver la fraîcheur de la nuit.

Dès ce moment tout fut commun entre nous, excepté la gaieté que nous éprouvions, et que nous les dispensâmes de partager. Il fallut que cette joie se manifestât par des cris, des applaudissements; nous embrassions Leroy, nous lui pressions les mains, nous lui demandions s'il n'avait pas craint.... " Ah! f....., répondait-il, j'étais bien sûr de mon affaire, j'avais trop bien pris mes dimensions." Et on le félicitait de nouveau; nos extravagances recommençaient, nous ne nous possédions plus: nous allions revoir la patrie, retrouver des frères d'armes, reprendre notre uniforme, respirer un air libre, savourer une ration entière de pain et de viande....

Il y avait environ trois quarts d'heure que nous venions de laisser derrière nous l'île, lorsqu'un incident vint modérer cette allégresse. " Patron, me crie l'un de ceux qui étaient sur l'avant, nous allons aborder un bâtiment! — Evitez, évitez. — Nous sommes perdus, disent les autres avec effroi. — Non, non, pas de bruit, et laissez faire. "

Je n'étais guère plus rassuré qu'eux: n'importe, je commande à tous mes hommes de baisser la tête; je mets la barre dessous; nous venons au vent, et nous reconnaissons le brick anglais qui croisait devant l'île! Dans le plus grand silence, nous passâmes presque sous son beaupré: grâce aux bonnets et aux capotes des Majorquins, on dut nous supposer Espagnols, et nous en fûmes quittes pour la peur. Alors nous nous réjouîmes de nouveau. " Enfants, leur dis-je, encore une de parée....... Bon espoir! „

Cette alerte nous rendit circonspects : j'ordonnai que chacun à son tour veillât sur l'avant, afin d'être prévenu à temps. Nous continuâmes paisiblement notre route jusqu'au jour.

Le lendemain nous étions par le travers de Palma. Le vent faiblit à tel point qu'il fallut avoir recours aux rames, nécessité très fâcheuse, attendu que nous n'étions que trois marins.

Je fis placer nos deux marins aux avirons de derrière, et les soldats à la suite; ce qui donna beaucoup de facilité à ceux-ci pour se guider sur les premiers, et régler leurs mouvements d'après eux. Ainsi armés de huit avirons, nous voguâmes tant bien que mal toute la journée. Sur le soir, nous n'en pouvions plus; ces pauvres soldats qui n'étaient pas habitués à un si rude métier, se plaignaient d'avoir les bras et les reins brisés. Heureusement le vent ne tarda pas à s'élever. Cette brise favorable soulagea nos rameurs, et fit faire beaucoup de chemin.

A la pointe du jour nous aperçûmes derrière nous deux bâtiments qui paraissaient venir avec une effrayante rapidité.... Après quelques instants d'attention, nous reconnûmes les deux chaloupes canonnières de l'île. Elles nous donnaient la chasse.... Chacun comprit le danger; il fallut redoubler d'efforts et ramer en désespérés. " Surtout de l'ensemble, m'écriai-je, c'est le moyen de ménager nos forces et de faire du chemin.„ Les soldats ramèrent si bien, que des matelots n'eussent pas mieux fait, et après deux heures d'incroyables efforts, pendant lesquelles, je crois, il ne fut pas dit un mot, nous eûmes le bonheur de voir nos chasseurs perdre leur avantage.

Rien de nouveau jusqu'au lendemain trois heures de l'après-midi: droit devant nous était un gros navire. Nous crûmes reconnaître une frégate anglaise. Alors, je laissai arriver vent arrière; nous étions déjà grand largue; je me dérangeai de notre route. La frégate avait ses amures à babord; nous allions au devant l'un de l'autre, mais à une grande portée de canon, je mis la barre à tribord; la barque vint au vent, et nous courûmes une petite bordée babord amures. Peu d'instants après, la frégate fit quelques manœuvres comme dans l'intention de nous joindre: c'était ce que je voulais savoir. Soudain je fais mettre bas les voiles et démâter afin d'être plus difficilement aperçus; j'ordonne de ramer vigoureusement, et notre bateau n'en marche pas moins avec une grande rapidité. Nous invoquions les ténèbres. Enfin elle vint, cette nuit que nous désirions si ardemment; on nous perdit de vue, et nous reprîmes notre route.

Le 20 juillet, au point du jour, nous vîmes la terre, et nous poussâmes des cris de bonheur. Vers le milieu du jour, le sergent-major Alleigne prétendit reconnaître les environs de Tarragone, et à une demi-lieue de la côte, je laissai arriver vent arrière.

Avant notre départ de l'île nous avions bien entendu dire que Tarragone était au pouvoir des Français; mais il importait de nous en assurer. A l'aide d'un mouchoir blanc, d'une cravate noire et d'un morceau de chemise de laine rouge, nous eûmes bientôt fait un pavillon national. Nous le hissâmes au bout de l'une de nos vergues lorsque nous fûmes par le travers de la ville. L'instant d'après sortit du port une embarcation un peu plus grande que la nôtre ayant en poupe un grand pavillon français. Notre joie était extrême.

A notre descente sur le môle, nous fûmes reçus par le commandant de la place et par une foule de soldats, qui nous sautaient au cou et nous interrogeaient; tous voulaient nous emmener avec eux; mais il y avait des formalités à remplir.

Procès-verbal fut à l'instant dressé au bureau de la douane par ordre du commandant Année, qui nous fit apporter sur la jetée des mannes pleines de pain, de la viande et des *cantaros* de vin. Nos corps maigres et noirs déposaient assez des misères que nous avions éprouvées. Cependant, plutôt que de manger avec avidité, comme on s'y était attendu, nous nous mîmes à raconter tous à la fois les mauvais traitements que nous avaient fait subir les Espagnols. Le contentement nous ôtait l'appétit; nous n'avions qu'une soif ardente, que le vin n'était pas propre à apaiser. On s'empressa de nous faire donner de la limonade.

L'un de mes premiers devoirs était certainement de signaler l'état de détresse dans lequel nous avions laissé les prisonniers français à Cabréra : j'adressai à cet égard au maréchal Suchet un rapport circonstancié, qu'il fit peu de temps après parvenir à Paris, en y joignant cette lettre d'envoi :

ARMÉE D'ARAGON. — ÉVÉNEMENT DE MER

A Son Altesse Sérénissime le Prince de Wagram et de Neuchâtel.

MONSEIGNEUR,

J'ai l'honneur d'adresser à V. A. S. le rapport intéressant de quelques prisonniers français, qui, avec des peines infinies, sont parvenus à s'échapper de la petite île de Cabréra.

Votre Altesse y remarquera l'état de misère et de dénûment dans lequel le gouvernement espagnol y laisse nos prisonniers, et le nombre de ceux qui y gémissent encore.

Je lui recommande le sieur Ducor, timonnier de la marine militaire, chef de l'entreprise, et rédacteur du rapport,qui a donné des preuves d'une grande présence d'esprit, de beaucoup d'intelligence et de courage.

J'ai l'honneur d'être,

MONSEIGNEUR,

De Votre Altesse Sérénissime,

Le très humble et très obéissant serviteur,

Le Maréchal d'Empire,

Comte SUCHET.

Almenara, sous les murs de Murviedro,
9 octobre 1811.

Ce fut à Almenara, où j'avais suivi, en qualité de secrétaire, M. Loustoneau, sous-inspecteur aux revues de l'armée d'Aragon, que je vis le maréchal. Je lui avais écrit pour le prier de vouloir bien me donner une destination; et à peine avait-il reçu ma lettre qu'il m'envoya chercher. Après qu'il m'eut interrogé longuement sur la situation des Français prisonniers à Cabréra, il me dit qu'il saisirait la première occasion de les échanger, et il me demanda où je voulais aller. “ Monseigneur, lui répondis-je, auprès de ma mère, que je n'ai pas vue depuis onze ans; on disposera ensuite de moi comme on l'entendra. „ C'est bien, me dit-il; j'espère que vous aurez plus que vous ne demandez. Je me retirai. Le lendemain un aide-de-camp me remit une lettre du maréchal au prince de Wagram, et un ordre pour le chef de l'état-major, Saint-Cyr Nugues, de me délivrer une feuille de route, avec des moyens de transport jusqu'à la frontière.

Bientôt, j'arrivai à Paris, chez ma mère, qui fut ravie de me voir; mais elle ne fut pas surprise; elle avait eu le pressentiment de mon retour; c'était sans doute l'effet de ses conversations avec Cotillard, mon ancien compagnon d'infortune à Cabréra, celui avec qui j'avais été sur le point de m'évader. Ce bon camarade l'entretenait dans l'espoir qu'un jour je m'échapperais comme lui.

J'appris qu'il était sous-officier dans les marins de la garde; j'allai le trouver; il fut étonné de me voir; il était aussi content que moi. “ Ah! que ta mère a dû être heureuse! me dit-il. Eh bien! les autres, que deviennent-ils là-bas? „ Ah! mon ami, lui répondis-je, cela va de mal en pis; sur huit mille Français qu'on y a déposés en deux fois, il y en a plus de *quatre mille de morts*: le reste ne vaut guère mieux. „

RELATION DE LARDIER (1).

En approchant de la côte de Cabréra, nous vîmes les rochers qui la bordent, couverts de monde : je pus bientôt distinguer les individus, qui tous avaient les yeux fixés sur nous, et paraissaient suivre nos mouvements avec anxiété. Je les examinai à mon tour, sans pouvoir me rendre compte de ce que je voyais. Un grand nombre étaient entièrement nus, noirs comme des mulâtres, et portant des barbes de sapeurs, sales et mal en ordre ; d'autres avaient des lambeaux de vêtement, mais étaient sans chaussure, ou avaient les jambes, les cuisses et les reins à découvert.

J'évaluai le nombre de ces nouveaux camarades à peu près à cinq ou six mille, parmi lesquels j'en vis enfin trois portant des pantalons et des uni-

(1) Extrait des *Mémoires de Robert Guillemard* (Paris, 1833, 2 vol. in-8°). C'est, selon Quérard, un nom d'auteur supposé derrière lequel se cachent deux collaborateurs, Lardier et Barbaroux. Leur relation a un tel cachet de sincérité que j'ai prié M. Laforgue, notaire à Ollioules, de rechercher si Lardier n'était pas originaire de ce pays sur lequel son volume donne des détails caractéristiques. Il m'a été répondu qu'un officier du premier Empire du nom de Lardier avait réellement existé et qu'il avait eu un frère publiciste. Ceci me suffit pour accorder à cette relation la confiance qu'elle mérite.

formes encore à peu près entiers; tous s'agitaient, se mêlaient sur la plage et les rochers, poussaient des cris de joie, frappaient des mains, et ne nous perdaient pas de vue. Je présumai que l'arrivée des vivres était la cause de ces transports et de ce mouvement; mais d'autres objets vinrent me distraire. Le sol à quelque distance du rivage était parsemé de huttes groupées, et assez semblables aux baraques de nos camps, mais moins régulières et moins propres. Devant une de ces baraques, sur un tronc de pin, d'une quinzaine de pieds de hauteur, et traversé à son sommet par une barre en forme de croix, était attaché un homme nu de la tête aux pieds, faisant des efforts violents.

Enfin le brick toucha presqu'à la terre, et vint s'amarrer contre un rocher, sur lequel fut jetée une planche servant de pont. Le passage en fut permis à une vingtaine de prisonniers, tandis qu'un peloton de trente Espagnols se tenait prêt à faire feu sur ceux des autres qui auraient fait le moindre mouvement pour s'avancer. Les vivres furent débarqués sur la plage, par les hommes à qui on avait permis de s'approcher; j'y descendis moi-même; et au bout d'une heure environ, le brick appareilla, et disparut.

Un immense demi-cercle se forma autour de l'endroit où avaient été déposés le pain et la viande. Dix à douze individus se placèrent au centre : l'un d'eux, tenant une liste, appelait à tour de rôle les différents corps, en énonçant à haute voix le nombre des hommes qui les composaient. Trois ou quatre s'avançaient, recevaient les rations pour tous leurs camarades, les emportaient; et le corps entier procédait alors à la distribution particulière.

Je ne donnerais pas une idée bien juste de cette opération, en disant qu'il y régnait l'ordre le plus parfait : ce n'était pas de l'ordre, c'était une espèce de gravité religieuse. Je doute que, dans aucun gouvernement, les imposantes et sérieuses fonctions d'ambassadeurs et de ministres aient jamais été remplies avec la dignité empreinte sur la figure et dans tous les mouvements des distributeurs. Le pain semblait être un objet sacré, dont on ne pouvait, sans crime, détourner la moindre parcelle, pour en changer la destination: les plus petits fragments, que le transport en faisait détacher, étaient ramassés avec respect, et placés sur le tas auquel ils appartenaient.

Occupé à examiner cette singulière cérémonie, je n'y pris aucune part : je ne savais à qui m'adresser pour avoir les rations auxquelles j'avais droit comme les autres; aussi bientôt je fus seul, car chacun tira de son côté. Mais cela ne m'inquiétait guère: j'avais dans un sac quatre pains, deux livres de bœuf salé, et une bouteille de rhum; avec cela, je pouvais attendre la prochaine distribution. J'errais sur le rivage avec un bâton à la main, et mon sac sur le dos; et je me disposais à pénétrer dans l'intérieur de l'île, lorsque je fus accosté par quelques prisonniers, et dans peu d'instants entouré par une foule considérable.

La distribution des vivres était d'un trop grand intérêt pour eux, pour qu'ils eussent pu faire d'abord attention à moi; mais il paraît qu'après le soutien de leur existence, ce qui les flattait le plus, c'était d'apprendre des nouvelles de leur patrie. Je fus accablé de questions qui avaient pour but la situation de divers régiments, mais surtout ceux de la France et des affaires de la péninsule. Je dis tout ce que je savais. Plusieurs fois, en parlant de nos derniers succès, ma voix fut couverte par des acclamations spontanées, où se mêlaient des expressions de bravoure, d'orgueil national et de vengeance.

Tout à coup un individu perce la foule, en criant: " C'est Guillemard! „ se fait faire place, arrive jusqu'à moi, et m'embrasse. J'eus quelque peine à le reconnaître: c'était Ricaud, sergent du 9e de ligne, échappé comme moi à l'affaire d'Ebersdorf. Il était sans chemise, portait un pantalon de toile, qui avait été coupé à la hauteur des genoux, et laissait ses jambes nues; un fragment de veste, extrêmement courte, et une chaussure faite avec des semelles de souliers, attachées au dessus de la cheville par des ficelles, ce qui ressemblait assez au brodequin des anciens, complétaient son costume.

Comme je n'avais plus rien à dire, la foule se dispersa. Ricaud me mena vers une espèce de baraque haute d'environ trois pieds, qu'il occupait avec trois autres militaires, et m'invita à y coucher, jusqu'à ce que je me fusse procuré un gîte. Nous soupâmes devant cette baraque; je fis part à Ricaud et à ses camarades de mes provisions; ils y joignirent une partie de ce qu'ils avaient reçu. Nous causâmes longtemps: la nuit se fit; et nous nous étendîmes sur deux pouces d'herbe sèche, qui couvrait le sol de cette demeure, où l'on ne pouvait entrer que l'un après l'autre,avec assez de difficulté, en rampant sur le ventre.

J'avais besoin de repos, et je m'endormis bientôt profondément; mais ce ne fut pas pour longtemps. Vers le milieu de la nuit, des ruisseaux d'eau froide m'éveillèrent en sursaut. Un orage éclatait, et il tombait une forte pluie mêlée de grêle. La couverture de notre baraque, composée d'herbe et de quelques poignées de joncs, ne pouvait résister longtemps; bientôt elle fut criblée; et la baraque elle-même devint une petite mare.

Les jurements de mes camarades ne tardèrent pas à s'unir au fracas des éléments. Pour comble de malheur, nous étions cinq dans un endroit qui n'avait été construit que pour quatre, et nous ne pouvions nous remuer sans nous incommoder.

On s'en prend à tout, quand on est mécontent: un de mes hôtes invectiva Ricaud, et lui reprocha d'avoir invité un étranger. Celui-ci répondit avec aigreur, et voulut lui imposer silence. Ils s'accablèrent d'injures, et ne s'en seraient pas tenus là sans doute; mais force leur fut de le faire, car la baraque n'avait pas assez de hauteur pour qu'on pût y rester, même à genoux; et il était impossible d'en sortir, avant que celui qui était le plus près du trou eût défilé.

Après avoir beaucoup crié, il fut convenu qu'ils se battraient le lendemain. La pluie cessa, et nous nous rendormîmes.

Le soleil venait de se lever, quand Ricaud m'éveilla pour me prier de venir lui servir de témoin. Je n'étais pas dans un de ces lits d'où on sort avec tant de peine. Notre toilette fut bientôt faite; et comme nous étions la veille entrés la tête la première, et qu'on ne pouvait pas se retourner, nous sortîmes l'un après l'autre, les pieds en avant, le ventre en l'air. en appuyant sur les talons, et nous poussant avec les coudes.

Après avoir bu un coup de rhum avec Ricaud et son antagoniste, je voulus parler de conciliation; mais on me ferma la bouche, en protestant de part et d'autre que cela ne pouvait pas se passer comme ça. Je connaissais trop bien les usages militaires, pour chercher à combattre une raison aussi péremptoire. D'ailleurs, je n'avais pas de grandes inquiétudes sur les résultats de l'affaire; je présumais qu'il n'y avait pas l'ombre d'une épée, d'un sabre ou d'un pistolet dans toute l'île; et je m'imaginais que ces braves allaient faire une partie de coups de poing, à l'imitation des anciens Romains, avec qui ils avaient déjà tant de ressemblance.

Mais je vis bientôt qu'avec de la bonne volonté, on trouve toujours des ressources. Avant de partir, Ricaud dit qu'étant l'offensé, il avait le choix des armes, et qu'il voulait tirer les *ciseaux*. “ Vous savez, répondit Lambert (un caporal dont j'ai oublié le corps), vous savez que je ne connais pas la pointe; ainsi, pour nous battre à armes égales, nous tirerons le *rasoir*. „

Ricaud tint bon pour les ciseaux; Lambert ne voulut rien céder sur les rasoirs; enfin, ils convinrent de s'en rapporter au sort, qui favorisa le dernier. Il nous quitta, et revint, au bout d'un gros quart d'heure, avec une paire de rasoirs anglais.

Ricaud, pendant son absence, m'avait instruit de la manière dont ils allaient se battre, et du genre des duels qui avaient lieu chaque jour à Cabréra. Tantôt on assujétissait, à l'extrémité de deux bâtons, deux moitiés de ciseaux, et on s'en servait en guise d'épée; tantôt c'étaient des lames de couteaux, de rasoirs, et plus d'une fois même on a employé des alènes et des aiguilles à voiles.

Nous prîmes donc deux bâtons de la grosseur du pouce, et longs d'environ trois pieds, et nous nous disposâmes à y fixer les rasoirs. Comme nous n'avions pas ce qu'il nous fallait pour cela, nous nous rendîmes au bazar.

C'était le marché des prisonniers. Situé dans l'endroit décoré du nom de *Palais-Royal*, il était au centre de dix à douze baraques, et formé par autant d'étalages, dont les uns étaient en plein vent, les autres abrités par des auvents, dont une extrémité appuyait à la terre, et l'autre était supportée par deux perches. On y vendait du pain, quelques poissons salés, des morceaux de drap, du fil, des aiguilles, des cuillers et des fourchettes de bois; les divers produits de l'industrie des prisonniers; du poivre, de la ficelle, et le tout en détail; car on pouvait acheter séparément une aiguillée de fil, un morceau de drap grand comme la main, et jusqu'à une prise de tabac, dont les trois coûtaient un sou. Je me rappelle avoir vu un lancier polonais qui en devait neuf, et à qui le marchand refusait de faire un crédit plus considérable.

Nous achetâmes deux bouts de ficelle; et, après avoir mis les armes en état, nous nous rendîmes au cimetière. Il était sur une colline, à un quart d'heure à peu près du Palais-Royal. Les prisonniers, depuis qu'il y en avait à Cabréra, avaient choisi ce lieu pour y déposer ceux qui succombaient à la misère, ou qui tombaient sous les coups de leurs camarades : c'était là que, par un usage dont on s'écartait rarement, on venait se rendre pour se battre.

En arrivant sur le terrain, je dis, pour la forme, encore un mot de conciliation. Voyant qu'ils voulaient absolument en venir aux mains, je déclarai qu'étant la première cause de la querelle, c'était à moi à la défendre, et à prendre la place de Ricaud. Ni lui, ni son adversaire, ne voulurent y consentir; et je me vis forcé de leur remettre enfin les armes dont j'avais été porteur jusque-là.

Ricaud quitta sa veste; Lambert, n'ayant qu'un pantalon, fut bientôt prêt. Ils se mirent en garde, et montrèrent autant de bravoure l'un que l'autre. Lambert était beaucoup plus fort, et mon ami avait besoin de toute son adresse pour parer les coups qui lui étaient portés; le rasoir voltigeait autour de sa tête et de ses épaules, et finit par l'atteindre au côté gauche du menton. Il riposta par un coup terrible, qui heureusement ne porta pas en plein, et ne fit qu'une apostrophe sur le bout du nez de Lambert.

Pour le coup, l'autre témoin et moi, nous nous jetâmes au milieu; nous les séparâmes, les fîmes embrasser; et leurs blessures étant assez légères, nous revînmes déjeûner devant notre baraque.

Je commençais à prendre de l'amitié pour Ricaud, qui m'avait offert, avec la plus franche cordialité, les petits services qui étaient à sa disposition. Je voulais connaître l'île que probablement je devais habiter assez longtemps; et après le déjeûner, nous commençâmes à la parcourir ensemble.

Cabréra n'est qu'un rocher calcaire d'environ une lieue de long, dont les contours très irréguliers forment deux petites anses, l'une au nord, l'autre au midi. A l'entrée de la première, existait un vieux château délabré, et dont la toiture avait été enlevée depuis longtemps; mais des officiers français, qui avaient passé plusieurs mois à Cabréra, en avaient rendu quelques appartements habitables; et lors de mon arrivée, un prêtre espagnol, chargé par son gouvernement du salut de nos âmes, dont on s'occupait beaucoup plus que de celui de notre corps, y avait installé son logement, et y disait la messe tous les dimanches.

L'île entière est couverte d'aspérités et de monticules, dont ceux qui occupent le centre sont assez élevés et escarpés pour mériter le nom de montagnes. On se doute que la végétation n'en est pas bien riche: c'est celle des îlots de la Méditerranée. Le lentisque, le caroubier, le myrthe et le chèvrefeuille, qui occupent les fentes des rochers; les pins qui croissent dans tous les endroits où la terre est assez abondante, sont à peu près les seuls végétaux qui ombragent le sol de Cabréra. Un assez joli bois des derniers arbres que j'ai nommés, était à l'extrémité orientale de l'île, mais diminuait chaque jour, en fournissant à la construction des baraques.

Dans toute autre circonstance, j'aurais eu beaucoup de plaisir à visiter plusieurs grottes que Ricaud me fit remarquer, dont une contient des stalactites d'une forme extrêmement bizarre; et une autre, appelée grotte des chèvrefeuilles, se trouve dans la position la plus pittoresque. Mais nous ne pouvions faire un pas sans rencontrer des prisonniers; et, ce que je voyais de leur existence, qui allait être la mienne, m'inspirait des réflexions qui avaient pour objet bien autre chose que les sites de Cabréra: déjà même je ne répondais plus à Ricaud, et j'écoutais à peine tout ce qu'il me racontait; je marchais machinalement à côté de lui, en pensant au sort des six mille Robinson Crusoë, que j'avais sous les yeux, jetés dans une île déserte, mais sans armes, sans outils, et n'ayant, pour toute ressource, que leur industrie inventive et l'énergie française. J'appris que la colonie entière ne possédait qu'une seule hache et une scie faite avec le cercle en fer d'une barrique.

Le premier de ces instruments appartenait à un marin de la garde; et l'autre, à un caporal d'infanterie. Ils les louaient, moyennant trois sous par jour et un nantissement, à ceux qui en avaient besoin; c'était par ce moyen que la plupart des baraques avaient été construites: elles étaient toutes placées au centre de l'île, en face du port, et celles des militaires du même corps, groupées ou alignées ensemble. Presque toutes, par leur construction et leur grandeur, me parurent bien supérieures à celle de Ricaud. Devant quelques-unes, étaient de petits

6

jardins clos et séparés par des palissades formées de quelques branches de pins, et où l'on cultivait des légumes et des fleurs. Mais en général, je pensai qu'on pouvait faire beaucoup mieux; et, dès le même instant, je le dis à Ricaud, en ajoutant que je voulais commencer à le lui prouver le lendemain.

En effet, je louai la hache et la scie; et, aidé de quelques camarades, je mis la main à une baraque, dont la construction me prit huit jours entiers; mais elle étonna tous les prisonniers. On pouvait aisément s'y tenir debout; les parois perpendiculaires et de quatre pieds et demi de hauteur, étaient formées d'une double palissade de petites branches fortement entrelacées, et tous les interstices remplis d'herbe et d'une terre glaise, que j'avais été chercher fort loin, dans une grotte. Je n'avais employé à la couverture que des joncs tellement serrés, et si bien disposés, qu'ils ne devaient pas laisser pénétrer une goutte d'eau dans l'intérieur. J'avais trouvé, comme par miracle, sur le rivage, une planche d'environ trois pieds de long sur deux de large, et en fort bon état; j'avais d'abord pensé à en faire une porte, je préférai la placer dans la baraque, en forme de tablette, pour y déposer nos provisions. Je pratiquai également, du côté du midi, une ouverture d'un demi-pied carré, pour donner du jour et de l'air, et qui se bouchait au besoin, avec une poignée d'herbe.

Il me fallait aller chercher, dans différents endroits de l'île, assez éloignés les uns des autres, les objets dont je me servis; et j'eus, pour les transporter, une ressource à laquelle je n'aurais pas pensé. On avait donné aux prisonniers un âne pour porter les vivres de ceux qui campaient le plus loin du rivage. Martin, c'est ainsi que nous l'appelions, errait et paissait tranquillement dans l'île, et était toujours prêt à prêter son dos aux fardeaux, et quelquefois au bâton. Cependant on lui tenait compte de sa patience et de ses bons services; et, parmi les six mille propriétaires de cet âne banal, il en était peu qui eussent osé le maltraiter, sans s'exposer au ressentiment de leurs camarades; il me fut d'un grand secours, et abrégea de beaucoup mon travail.

Le jour où je commençai ma baraque, quelques prisonniers m'annoncèrent qu'en ma qualité de sous-officier, je faisais, dès ce moment, partie du Conseil, et me firent connaître la création de cette institution et son but.

Dans les premiers temps où des Français furent déportés à Cabréra, leurs officiers étaient avec eux, et conservaient toute leur autorité, bien nécessaire avec des hommes aigris par le malheur, et que l'exaspération rendait injustes, querelleurs, et sans cesse prêts à se battre. Ils avaient cependant toujours la même déférence pour leurs chefs, se soumettaient à leurs décisions, et ne se refusaient pas à subir les punitions qui leur étaient infligées. Mais les officiers et sous-officiers furent transportés en Angleterre. Les prisonniers, livrés à eux-mêmes, et voyant les excès qui se commettaient journellement, eurent le bon esprit de choisir entre eux un Conseil chargé de juger leurs différends, de prononcer sur les délits, et de décider sur tout ce qui était relatif à l'ordre et à la police de la colonie. Les arrêts de cette espèce de cour étaient irrévocables, presque toujours rigoureux, et exécutés aussitôt que rendus.

Trois jours après mon arrivée, je fus appelé à y siéger : les séances se tenaient en plein champ, près du Palais-Royal. Nous étions douze, assis sur des pierres disposées circulairement pour cet objet; une foule immense nous entourait, attendant notre décision et prête à la mettre à exécution. Il s'agissait de juger un soldat, accusé d'avoir volé un morceau de pain à son camarade: c'était le crime le plus grand et le plus irrémissible qu'on pût commettre à Cabréra. La délation même faite aux Espagnols ou aux Anglais, d'une tentative d'évasion, en inspirant peut-être plus d'horreur, n'attirait pas toujours un châtiment aussi cruel; rien ne pouvait sauver un voleur de pain qui, aussitôt après le prononcé de sa condamnation, était lapidé par la foule.

Nous entendîmes donc celui qu'on nous amena, la partie plaignante, les témoins et son défenseur, car il en avait un qui, selon l'usage, chercha à le rendre plus blanc que neige. Le crime fut avéré; et le Conseil se disposa à aller aux voix, manière de procéder dans toutes nos délibérations. Il ne me parut pas disposé à l'indulgence; et je trouvai bien cruel de faire périr un malheureux pour le vol d'un morceau de pain, pesant à peine quelques onces. En vain je me disais que tout est relatif, et que, dans notre position, ce vol, si minime partout ailleurs, pouvant exposer le malheureux qui en était victime, à mourir de faim, méritait une punition exemplaire; il me répugnait de la prononcer. Je parlai en faveur de l'accusé, qui était fort jeune encore: je fis valoir ses qualités, dont son défenseur avait fait un grand étalage; et je finis par demander, comme une faveur personnelle, que le Conseil voulût bien incliner à l'indulgence, pour la première fois que je prenais part à ses délibérations. Je fus assez heureux pour réussir: le coupable ne fut condamné qu'à vingt-quatre heures de poteau.

On se souvient que, lorsque j'approchais de Cabréra, un des premiers objets qui frappèrent mes regards, fut un homme attaché contre un tronc de pin; c'était là ce qu'on appelait le poteau, punition de tous les délits qui n'emportaient pas peine de mort. Celui qui y était condamné, y passait entièrement nu, sans manger, et exposé au soleil et à toutes les intempéries de l'air, tout le temps que devait durer sa peine, qui n'était jamais moindre de quatre heures, et ne pouvait dépasser vingt-quatre.

Dès le premier jour de mon arrivée, en voyant la manière de vivre des prisonniers, je m'étais étonné que les tentatives d'évasion ne fussent pas plus fréquentes. Je fus bientôt convaincu que l'impossibilité presque absolue de réussir en était la seule raison, et qu'on n'avait renoncé à quitter ce triste séjour qu'après avoir vu échouer des entreprises aussi multipliées qu'audacieuses et bien combinées. Je n'en résolus pas moins de chercher moi-même tous les moyens de m'échapper, persuadé que, quel que fût le résultat de mes efforts, mon sort ne pouvait pas beaucoup empirer. Je me promis de faire, de ma fuite, l'objet constant de toutes mes réflexions, de toutes mes démarches, et de ne vivre, pour ainsi dire, que pour parvenir à ce but.

J'eus d'abord la certitude qu'il fallait renoncer à tenter seul une pareille entreprise. Je pensai aussi que le trop grand nombre d'individus était une chance de plus contre le succès, et que ce serait assez de me confier à trois ou quatre de mes camarades.

J'avais jeté les yeux sur Ricaud; mais je voulus l'observer de plus près, avant de m'ouvrir à lui. Le jour où le Conseil s'était assemblé, j'avais aussi particulièrement remarqué deux jeunes gens qui en faisaient partie: Darlier, d'Ollioules, et Chobar, de Marseille (1). Les jours suivants, je cherchai à les connaître; je crus d'abord m'apercevoir, et je fus bientôt convaincu que c'étaient les hommes qu'il me fallait. Marins l'un et l'autre, ils devaient être entreprenants, et décidés comme tous les individus de leur profession. On ne pouvait en douter en voyant leur physionomie ouverte, franche, et où respiraient en même temps l'audace et la gaîté. Des qualités semblables, et une même tournure d'esprit qui les portait à rire de tout, les avaient liés dès longtemps; et rarement on les rencontrait l'un sans l'autre.

Aussitôt que ma baraque fut achevée, je les invitai

(1) Il faut lire Lardier et Bochard. Le premier des deux noms, changés par le même procédé, est celui du véritable auteur de ces Mémoires.

à déjeûner avec Ricaud. On se figure sans doute le faste et la délicatesse de ce repas; mais il n'en fut pas moins gai. Ce fut après avoir achevé le peu de rhum que j'avais conservé pour cette occasion solennelle, que je mis en avant les idées qui roulaient dans ma tête. D'abord elles furent assez froidement reçues, même par Darlier et Chobar, qui avaient plusieurs fois essayé de s'évader, sans pouvoir y réussir. Ils me racontèrent une foule de projets de ce genre, formés par eux ou leurs camarades, et qui avaient échoué au moment même de l'exécution.

J'ai omis de dire qu'un brick anglais, portant vingt caronades, et deux canonnières espagnoles, étaient mouillés à la sortie du port. Il y avait quelques jours, à ce que me dit Chobar, que des officiers français, alors prisonniers à Cabréra, avaient voulu enlever le brick à bord duquel ils s'étaient rendus en nageant, pendant une nuit d'orage; mais à peine les premiers, nus, sans armes, et engourdis par le froid, étaient-ils parvenus sur le pont, qu'ils tombèrent sous les coups des Anglais qu'ils avaient espéré surprendre. De pareilles tentatives avaient plus d'une fois été faites sur les canonnières, et n'avaient pas été plus heureuses. Depuis lors, le service à bord de ces bâtiments se faisait avec la plus grande exactitude; et à chaque instant, de jour comme de nuit, des canots de ronde parcouraient le port, et faisaient le tour de l'île.

Tout cela ne diminua pas mon désir de me sauver, et ne changea rien à mes résolutions. Je fis concevoir à mes camarades que, parce qu'une chose était extrêmement difficile, il ne s'ensuivait pas qu'elle fût impossible; que d'ailleurs, il n'était pas question de former un plan d'évasion précis et arrêté, mais qu'il fallait être à l'affût de toutes les occasions qui pourraient se présenter, chercher à les faire naître, et les saisir, sans tergiverser. Je parlai longtemps, et je crois que je parlai bien, car j'amenai tout le monde à mon sentiment.

Il fut convenu, sans désemparer, que nous logerions tous les quatre dans la baraque que je venais de construire, que chacun de nous réfléchirait sérieusement aux moyens qu'il croirait capables d'avancer l'objet de nos désirs; que chaque jour, jusqu'à ce que nous eussions trouvé quelque chose de satisfaisant, nous nous communiquerions nos réflexions; que, jour et nuit, l'un de nous serait constamment à se promener sur le rivage, pour veiller à ce que le hasard pourrait nous procurer de favorable, et que nous nous relèverions toutes les quatre heures pour cet objet. Nous arrêtâmes de plus que, sans délai, je ferais la connaissance du prêtre espagnol Damian Estebrich, aumônier des prisonniers, et que je chercherais à me lier avec lui. Nous n'avions rien à espérer de lui, mais je crus que cette précaution ne pouvait pas nous nuire, et pouvait faire naitre quelques circonstances avantageuses pour nous.

L'exécution de ce plan fut commencée sur-le-champ. Chobar, Darlier et Ricaud transportèrent leur peu d'effets à la baraque; et le dernier commença la ronde que nous devions faire sans discontinuer un instant. Quant à moi, j'allai le lendemain entendre la messe du segnor Estebrich. Il lui fut aisé de me remarquer, au milieu de la solitude qui régnait dans la salle délabrée où il célébrait le saint mystère. “ Il faut, me disais-je, ou que cet homme soit doué d'un zèle bien ardent pour la religion, ou que, par suite d'une conduite peu régulière, ses supérieurs l'aient exilé ici: c'est ce que je saurai sans doute. „

Je l'accostai après la messe,et le suivis en causant, jusqu'à l'endroit où il avait installé sa demeure. Il me félicita sur la manière dont je commençais à parler l'espagnol, me demanda comment j'avais été pris; et me retint jusqu'à l'instant où, allant se mettre à table,il me fit comprendre que ma présence le gênerait, et m'engagea à venir le visiter quelquefois et à songer à mon salut. Je le quittai, décidé à le revoir, mais fixé sur son compte. Le segnor Estebrich était, non pas un prêtre, mais un véritable moine espagnol, pétri de fanatisme, de gourmandise et de la plus crasse ignorance.

Un mois s'écoula, sans apporter aucun changement à notre position; rien ne s'était offert, nous n'avions rien imaginé de praticable pour en sortir. Les vivres qu'on devait nous apporter tous les quatre jours, retardaient quelquefois de vingt-quatre heures; et la plupart des prisonniers, réduits aux abois, faisaient des jeûnes que le segnor Estebrich ne leur avait pas prescrits, et qui se prolongeaient jusqu'à trois jours, car plusieurs, pendant les deux premiers,dévoraient ce qu'ils avaient reçu. Ils mangeaient alors des racines, des herbes sauvages, et passaient en grand nombre des baraques au cimetière.

Quelques ressources qu'ils avaient trouvées dans

l'île, au commencement de leur séjour, étaient presqu'entièrement épuisées. Lors de mon arrivée, plusieurs gagnaient à la nage, dès le matin, les îlots répandus sur la mer autour de Cabréra, et les fouillaient si bien qu'avant la fin de la journée, ils s'en retournaient avec un petit nombre d'huîtres ou de crabes, qu'ils s'empressaient de mettre en vente dans le bazar.

D'autres se rendaient, de la même manière, sur une petite île qui mérita autrefois le nom d'*île aux Lapins*. Là, s'ils parvenaient à trouver la trace de quelque lapin échappé à la destruction qui avait eu lieu depuis l'apparition des insulaires de Cabréra, ils se postaient à l'affût auprès du terrier; et, dussent-ils y rester trois jours, comme il fallait que leur proie entrât ou sortît, ils avaient la constance de l'attendre, et la saisissaient au passage.

Un lapin était un objet d'une haute importance à cette époque, et surtout dans les moments où les Espagnols paraissaient nous oublier. Les comestibles haussaient alors de prix d'une manière effrayante, tandis que tout ce qui ne se mangeait pas n'avait plus de valeur. Il me souvient d'avoir vu vendre une fort belle montre en or, pour une demi-livre de pain. Alors plus de crédit: et ce n'était pas certainement dans des moments semblables qu'avait été contractée, pour une série de morceaux de pain d'une once, une dette de quinze cents francs, pour laquelle j'ai vu faire des obligations présentées par la suite au conseil d'administration d'un corps qui les a accueillies.

Nous avions eu le soin, mes camarades et moi,

d'être constamment en avance de provisions pour plus d'un jour; et nous cherchions à augmenter cette avance, afin d'avoir des vivres, dans le cas où nous serions assez heureux pour parvenir à nous échapper: ce qui nous rendait moins pénibles ces moments de privation.

Cependant tout le monde s'occupait à Cabréra ; il y avait des tailleurs, des cordonniers, des crieurs publics, des ouvriers en cheveux, en os, en écaille ; d'autres qui taillaient en bois, au couteau, de petites figures d'animaux. Deux cents hommes environ, restes d'un régiment de dragons levé dans l'Auvergne, étaient logés dans une grotte, et faisaient des cuillers en racine de buis. Ces derniers n'avaient, entre tous, qu'un pantalon et un uniforme qui menaçaient encore de les abandonner au premier jour, et passaient successivement à celui d'entre eux qui se présentait pour recevoir les vivres.

Tous les objets dont je viens de parler, étaient vendus, pour des prix modiques, aux équipages du brick et des canonnières, et aux Espagnols, que la singularité de notre existence et des spéculations sur notre industrie attiraient quelquefois.

Mais ce qui abondait surtout à Cabréra, c'étaient les professeurs en tout genre. La moitié des prisonniers donnait leçon à l'autre moitié. Partout on voyait des maîtres de musique, de mathématiques, de langues, de dessin, et surtout d'escrime, de danse et de bâton. Quand il faisait beau, tous ces professeurs donnaient leurs leçons au Palais-Royal, à des distances assez rapprochées les unes des autres. Il n'était pas rare de voir un pauvre diable à moitié nu, et qui souvent n'avait pas mangé depuis vingt-quatre heures, chanter un air de contredanse fort gai, et l'interrompre de temps en temps, pour dire, avec beaucoup de sérieux, à son élève vêtu d'un reste de caleçon: " Allons, balancez à vos dames! rond de jambe! donnez-vous de la grâce! „

Un peu plus loin, un bâtoniste enseignait le moulinet à quatre faces, et cherchait à flatter l'amour-propre et à exciter l'émulation d'un élève, en lui disant: " C'est bien, je suis content de vous, si vous continuez avec le même succès, en moins de quinze jours, vous pourrez vous présenter en société. „

Un chiffon de papier, grand comme la main, et placé en écriteau, servait d'enseigne aux plus huppés de ces divers professeurs.

Je voulus aussi faire quelque chose; mais je ne me souciais ni de donner, ni de recevoir des leçons. Je ne connaissais pas d'art mécanique, je ne savais ni faire les cuillers, ni tresser les cheveux,; et il était trop tard pour l'apprendre. A force de réfléchir, j'imaginai que, vu le désœuvrement des prisonniers, un théâtre ne pourrait qu'avoir un grand succès, et je m'étonnai que personne n'y eût pensé avant moi. On avait bien joué quelques farces improvisées, mais en plein champ, et sans songer à en faire un objet de spéculation. Mes idées avaient une tout autre importance. Je résolus d'être à la fois, s'il le fallait, auteur, acteur, directeur et machiniste, et d'associer mes trois camarades à mes travaux et à mon bénéfice, qui devait être employé à l'accomplissement de notre idée favorite.

Je ne pus songer à établir mon théâtre dans le

vieux château que l'on fermait chaque soir, et où d'ailleurs le scrupuleux Estebrich ne l'aurait pas souffert. Je jetai les yeux sur une vaste citerne tombant en ruines, dont les conduits étaient brisés depuis longtemps, et dont une partie de voûte était écroulée. J'y descendis au moyen d'une corde que j'achetai exprès, et je trouvai qu'il y avait encore dans le fond environ un pied d'eau, ou plutôt de boue. La première chose à faire était d'opérer le dessèchement, et c'était ce qui m'embarrassait le plus. Je voulus d'abord construire une pompe, mais j'y renonçai. Il me restait soixante francs; j'obtins du segnor Estebrich qu'il me ferait venir de Palma quatre seaux en cuir; je fis une échelle; je louai quatre prisonniers à deux sous par jour chacun; et, à la fin du troisième jour, ma citerne était à sec. J'y allumai, pour l'assainir davantage, un grand feu de bois de pin; j'y fis descendre, pendant tout un jour, du sable et des pierres, dont je formai un tertre ayant le tiers de la longueur de la citerne, et destiné à être la scène; je me procurai de l'ocre et de la sanguine; je barbouillai les murs en jaune avec une bordure rouge; je suspendis tout autour des guirlandes de feuillages, dont je me servis aussi pour séparer le théâtre d'avec la salle; et je finis par écrire, non sur la toile, car je n'en avais pas, mais au fond de la scène: *Castigat ridendo mores.*

J'étais fixé, depuis longtemps, sur la pièce par laquelle ma troupe devait débuter. C'était *Philoctète,* de Laharpe. J'avais autrefois joué ce rôle, et je le savais encore, ainsi que des lambeaux des autres. Je les écrivis en suppléant, par de la prose, aux vers que j'avais oubliés. Darlier se chargea du rôle d'Ulysse; Chobar, de celui de Pyrrhus; je confiai celui du Grec à Ricaud; et un sapeur d'infanterie, ayant une voix de tonnerre et beaucoup d'intelligence, prit celui d'Hercule.

Enfin, un crieur public annonça dans tout le camp qu'on donnerait, dans la soirée, une représentation de *Philoctète,* suivie de *Marton et Frontin.* J'avais transcrit, avec assez de fidélité, cette petite pièce, que je jouai avec Chobar.

Il pouvait entrer trois cents personnes dans ma citerne, et j'avais mis les places à deux sous: tout fut plein; on descendait par l'échelle que j'avais construite; et un homme de confiance, placé sur le premier échelon, recevait le prix d'entrée dans un petit sac de toile pendu à son cou. La salle était éclairée par des branches de pin allumées, que portaient des garçons de théâtre, placés de distance en distance, et qu'ils renouvelaient à mesure de la consommation.

Toutes les allusions que présente la pièce avec notre position, furent saisies avec un tact qui aurait fait honneur au goût d'une assemblée plus brillante. Dès le début,

> Nous voici dans Lemnos, dans cette île sauvage ;
> Dont jamais nul mortel n'aborda le rivage ;

nous fûmes couverts d'applaudissements; et je crus qu'ils feraient écrouler les voûtes de la citerne, quand je prononcai ce vers:

> Ils m'ont fait tous ces maux ; que les dieux les leur rendent !

Je fus obligé de le répéter, et de m'arrêter quelque

temps, pour laisser calmer l'agitation qu'il produisit parmi les spectateurs.

Un pareil succès était fait pour nous encourager; je travaillai sans relâche; j'écrivis de mémoire plusieurs pièces, que nous jouâmes successivement. Nos fonds augmentaient à vue d'œil, ainsi que notre bien-être. Nous laissions la moitié du bénéfice à la masse, et nous partagions le reste. Déjà Ricaud s'était habillé décemment; déjà j'avais acheté une toile pour mon théâtre; je m'étais procuré des cordes, des clous, un marteau, et même une hache, qu'un Espagnol m'avait fait payer au poids de l'or. Tous ces objets, destinés à l'arrangement de notre salle, pouvaient aussi servir à notre projet, que nous ne perdions pas de vue; et chaque soir, nous les serrions avec soin dans la baraque. J'aurais bien voulu aussi me procurer quelques armes, au moins un sabre pour chacun; mais je le tentai en vain, et je n'insistai pas, de peur de me rendre suspect. Force fut à mes héros tragiques de se contenter de sabres de bois.

La colonie entière s'intéressait à nos succès dramatiques; car, depuis la seconde représentation, je laissais toujours entrer, à tour de rôle, vingt individus de ceux qui n'avaient pas le moyen de payer; mais, dans le courant du mois de septembre, elle fut frappée d'une calamité qui enleva un grand nombre de ses membres, et suspendit, pendant plusieurs jours, les travaux, les leçons et les amusements. Les vivres n'arrivèrent pas le jour où ils étaient attendus: ce malheur avait lieu trop fréquemment pour qu'on pût en être surpris; le lendemain, à l'heure accoutumée, les prisonniers affamés couvraient les hauteurs et le rivage. Le jour s'écoula et disparut, emportant tout espoir. Ce ne fut qu'un cri d'horreur et d'indignation.

Dès le premier jour de disette, le peu de vivres qu'avaient les marchands, avait été consommé. Dès cette seconde nuit plus de cent cinquante individus expirèrent de rage ou d'inanition. Le troisième jour parut, et l'on se traîna de nouveau sur le rivage; nos regards dévoraient la mer; et,à midi, rien ne s'était montré encore.

Le Conseil assemblé décida qu'il fallait envoyer une députation à Estebrich, pour qu'il fît communiquer notre détresse au brick anglais et aux canonnières, et qu'il cherchât les moyens de nous secourir. M'étant rendu auprès de lui avec Ricaud, nous le trouvâmes à table, entre un plat de bœuf et la moitié d'une oie farcie, qui avait la meilleure mine. Il nous écouta sans perdre un coup de dent, et finit cependant par nous offrir un verre de vin, et nous promettre que, dans un instant, il allait voir ce qu'il y avait à faire. Nous vînmes donner cette nouvelle à nos camarades et, une demiheure après, nous vîmes Estebrich en surplis, le bonnet carré en tête, et un crucifix à la main, sortir du fort, et s'avancer vers nous, en chantant les litanies de tous les saints.

Il vint nous engager à faire avec lui une procession, pour supplier le ciel de compatir à notre détresse, et de nous envoyer le brick portant les vivres. Quelques prisonniers se rendirent à ses désirs; et, dans un instant, il fut à la tête d'une trentaine d'individus, qui, ramassant le peu de forces qui leur restaient, se mirent à répéter ses *ora pro nobis*.

Pendant ce temps, le Conseil s'assembla de nouveau; les propositions les plus désespérées furent mises en avant; nous commencions à croire nous-mêmes qu'en effet le gouvernement espagnol nous avait condamnés à mourir de faim; et nous ne voyions aucun moyen de nous soustraire à cet arrêt, ni même de prolonger notre existence deux heures de plus. Un sous-officier italien ouvrit un avis qui fut unanimement rejeté avec horreur. Un autre membre combattit et parvint même à détruire l'idée de la fin à laquelle nous nous croyions réservés. Persuadé que les vivres avaient été retardés par quelque événement imprévu, et que nous les recevrions le lendemain, il proposa, pour soutenir la force et le courage des prisonniers jusque-là, d'employer la seule ressource qui nous restait, et de tuer notre âne,

On le croira difficilement; mais, malgré notre cruelle position, Martin trouva des défenseurs; ses services étaient de la plus grande utilité à la plupart des prisonniers; et d'ailleurs, ce qui reviendrait à chacun de nos camarades serait-il suffisant pour le mettre à même d'attendre le lendemain? Le contraire était bien évident. Ces raisons, malgré leur bonté, furent à peine écoutées, et Martin fut condamné presqu'à l'unanimité.

La procession venait de finir, et n'avait apporté aucun changement. Deux hommes furent détachés pour aller chercher la victime que nous allions sacrifier à notre salut. Martin, qu'on trouva paissant à quelque distance, fut emmené au milieu de la foule, ne se doutant guère du sort qui l'attendait, et croyant probablement faire sa corvée ordinaire. Dix minutes après sa condamnation, il était mort, écorché, dépecé, et des morceaux de sa chair grillaient sur des charbons, ou faisaient du bouillon pour ceux qui avaient un peu plus de patience. Nous en eûmes deux onces pour trois hommes, les os et les intestins compris.

Ainsi que les jours précédents, dès l'aurore, nous étions presque tous sur la plage. Cette fois, nous découvrîmes enfin une voile, que nous reconnûmes bientôt pour le brick. A neuf heures, il toucha terre, et nous débarqua pour huit jours de vivres.

Le motif important de la famine que nous avions éprouvée, était une discussion élevée au sujet de la vérification des vivres entre deux fournisseurs, dont l'un venait remplacer l'autre. L'autorité militaire était intervenue, et le général anglais qui commandait à Palma, homme scrupuleux sur ses devoirs, avait voulu que le différend fût vidé avant de faire de nouveaux envois, s'inquiétant peu si, dans l'intervalle, six mille Français étaient exposés à mourir de faim.

Cette interruption dans les distributions fut la dernière qu'éprouva la colonie. Nous nous remîmes bientôt de nos privations, et nous reprîmes le cours de nos succès dramatiques.

Il y avait parmi nous une vingtaine de femmes françaises, italiennes ou espagnoles, qui avaient suivi leur mari ou leur amant prisonnier, et qui, presque toutes, étaient marchandes. Quelques-unes étaient jeunes et jolies. J'en engageai deux, non sans peine, à faire partie de ma troupe, et mes représentations attiraient tant de monde, que chaque fois on était obligé d'en refuser, et de retirer l'échelle quand la salle était pleine.

Cependant il y avait plus de huit mois que j'étais dans l'île, et nous n'avions pas le moindre espoir d'en sortir; je commençais à me décourager, sans ralentir en rien pour cela la surveillance que nous exercions jour et nuit. Chacun de nous avait présenté, à plusieurs reprises, des plans d'évasion plus ou moins hasardeux, que nous avions été forcés de rejeter, comme impraticables.

Un soir, je jouais *le Dissipateur*, de Destouches: Chobar était de ronde, et n'était pas venu à la représentation; j'en étais à la dernière scène, lorsque, baissant les yeux vers le souffleur pour lui demander du secours, je vis que sa place était occupée par Chobar. “ Du nouveau ! „ me dit-il à demi-voix, d'un ton très ému, et la figure rayonnante de plaisir et d'impatience.

Je ne sais comment je trouvai la force de débiter le peu que j'avais encore à dire: je l'expédiai aussi lestement que possible et me hâtai de sortir avec Darlier et Ricaud. Nous rejoignîmes Chobar, qui était allé nous attendre. Il nous raconta que, vers les neuf heures, un bateau monté par trois hommes avait fait quelques bordées entre l'île des Lapins et Cabréra; et, s'étant enfin approché de la côte de cette dernière île, avait été tiré à terre. Caché derrière un rocher, Chobar avait vu les trois hommes allumer du feu, prendre leur repas, et se coucher sous l'abri que formait le bateau, pour y passer la nuit, et probablement avec l'intention de partir au point du jour.

Notre résolution fut bientôt prise; et nous arrêtâmes sur-le-champ notre plan, qui fut exécuté de point en point. Dès que tout bruit eût cessé dans le camp, nous partîmes, chargés de provisions pour plus de quatre jours, d'un petit baril d'eau, et de cordes de différentes dimensions. Obligés de faire un détour, nous mîmes, avant d'arriver à l'endroit, trois quarts d'heure qui nous parurent bien longs.

Il soufflait une brise très fraîche, du sud-est; et, si l'on nous avait donné à choisir sur les trente-deux vents de la boussole, nous n'en aurions pu désigner un qui nous fût aussi favorable. La nuit était froide et sombre. En approchant, nous distinguâmes, dans l'obscurité, le corps noirâtre du bateau, qui se détachait sur l'horizon; nous ralentîmes le pas, osant à peine respirer et fouler le sable qui criait sous nos pieds.

Nous dirigeant sous le vent du bateau, nous aperçûmes les trois marins qui dormaient enveloppés de leurs cabans: comme tout était prévu d'avance, nous n'eûmes besoin que de nous désigner du geste celui dont chacun de nous se chargeait; en quelques minutes, ils furent bâillonnés avec des mouchoirs, garottés, placés dans le fond du bateau que nous avions mis à flot, et avec lequel nous nous rendîmes à l'île des Lapins.

Là, nous mîmes pied à terre, et nous expliquâmes à nos prisonniers, que, voulant absolument nous sauver, nous allions être forcés, bien malgré nous, de les laisser dans la position où nous les avions mis, et dont ils seraient certainement tirés dans la matinée,soit par des Français,soit par des Espagnols qui ne pouvaient manquer de les apercevoir. Cela dit, sans faire de plus longues réflexions, nous les prîmes l'un après l'autre, et nous leur enlevâmes leurs gros pantalons, leurs cabans et leurs bonnets de Catalan. En échange de leurs vêtements, nous les revêtîmes de nos restes d'uniformes : nous leur laissâmes quelques vivres, soixante-dix francs, somme au-dessus de la valeur de leur bateau ; et leur souhaitant toutes sortes de prospérités, nous poussâmes au large.

Nous possédions heureusement un trésor ; c'était une petite boussole appartenant à Darlier. Nous vîmes bientôt que les côtes du royaume de Valence nous restant à cinquante lieues dans le nord-ouest, nous y courions vent arrière, filant, selon notre estime, au moins six nœuds à l'heure, et que, par conséquent, nous pourrions rejoindre l'armée française dans la nuit suivante, si elle occupait ces parages. C'était là une question sur laquelle nous ne pouvions prononcer, et qui amortissait un peu notre joie : mais nous étions décidés au reste à nous faire écharper plutôt que de nous laisser ramener dans l'affreux désert de Cabréra.

Au jour, nous étions en pleine mer, apercevant encore à peine derrière nous les hauteurs de l'île, qui commençaient à se confondre avec les brouillards ; le vent soufflait toujours de la même direction. Vers les quatre heures après midi, nous crûmes découvrir la côte d'Espagne: le soleil, sur son déclin, la dessina en effet à l'horizon, et nous laissa bientôt distinguer les maisons, les arbres et les rochers du rivage. La nuit survint, et nous courions toujours, avec la même rapidité, sur une terre qu'aucun de nous ne connaissait; nous savions seulement que toute cette partie est hérissée de brisans, qui en rendent l'approche extrêmement dangereuse.

Il pouvait être environ onze heures du soir, quand nous découvrîmes, à près d'un mille, une file de maisons blanchâtres, quelques lumières, et les mâts de plusieurs bâtiments. Nous jugeâmes que c'était quelque petit port: et, dans l'incertitude où nous étions s'il était occupé par les Français, nous résolûmes de l'éviter. A cet effet, donnant un peu plus au nord, nous le laissâmes à bâbord; nous amenâmes en même temps une voile, et prîmes tous les ris de celle que nous conservâmes, pour diminuer notre vitesse.

Après une demi-heure de cette navigation, nous n'étions pas à plus d'une encâblure de la côte. Le hasard nous avait favorisés en tout; nous arrivions sur une plage de gravier et de sable, qui ne présentait pas le moindre péril. Après l'avoir longée quelques instants pour choisir un endroit propice, nous hissâmes notre voile, larguâmes les ris; et le bateau vint s'échouer, assez près de terre pour pouvoir nous y rendre avec de l'eau jusqu'aux genoux.

Notre premier mouvement fut de nous embrasser, en nous félicitant du bonheur qui, jusqu'à ce moment, avait suivi tous nos pas. Sur quel point allions-nous nous diriger? Nous pensâmes qu'il conviendrait d'attendre le jour, espérant que quelque circonstance inattendue nous ferait connaître la position des armées. Nous enfonçant donc un peu dans les terres, nous traversâmes une grande route parallèle au rivage, et parvînmes, après avoir erré quelque temps, à découvrir un endroit entre les rochers, où nous nous décidâmes à passer la nuit. Nous étions harassés.

Après avoir pris quelque nourriture, nous nous jetâmes sur le sable, un de nous faisant sentinelle à tour de rôle, et déterminés à mettre fin à notre entreprise, aussitôt que le jour paraîtrait.

Il y avait plus d'une heure que j'avais remplacé Ricaud; il était grand jour, et je me disposais à éveiller mes trois camarades, pour aviser, avec eux, à ce que nous avions à faire, lorsque je vis venir sur la route deux hommes conduisant sept à huit mulets. Je quittai sur-le-champ mon embuscade: et, me mettant à courir, de manière à les devancer de beaucoup, j'entrai dans le chemin, et vins alors sans affectation au devant d'eux. Ma tête allait encore plus vite que mes jambes; je formais, en allant, le plan de ce que j'avais à dire: heureusement, je parlais assez bien le catalan, qui ressemble beaucoup au provençal; heureusement aussi notre bateau était encore à la place où nous l'avions échoué, et paraissait attendre que quelqu'un vînt s'embarquer.

Je leur contai que, partis de Palma depuis deux jours pour nous rendre à Triviça, un grain qui nous avait surpris en mer, nous avait forcés de laisser arriver vers l'ouest, et que le vent continuant ne nous avait pas permis de reprendre notre route; qu'enfin, la veille au soir, nous étant affalés sur une côte, et manquant de vivres, nous avions été obligés d'y descendre; que mes associés avaient été chercher quelque campagne pour s'y procurer des provisions, et que je les attendais pour nous rembarquer. Je finis, en leur demandant où nous étions, et s'ils savaient quelque chose de nouveau.

Tout ce que je leur dis était assez plausible pour qu'ils le crussent facilement. Ils me répondirent que j'avais à un quart d'heure derrière moi, Vinaros, petit port où nous pourrions trouver tout ce que nous désirerions : c'était le village que nous avions aperçu la veille. Je fis quelques pas avec eux, et ils parlaient de tout autre chose que du sujet qui m'intéressait. Ils y vinrent enfin, sans que j'eusse besoin de les y amener. Ils m'apprirent que *los demonos de Franceses* faisaient en ce moment le siége de Tortose, ville à six lieues de Vinaros, et qu'elle était peut-être rendue à l'heure où nous parlions.

Je ne restai avec eux que pour savoir de quel côté se trouvait Tortose ; je l'appris, et je les quittai, sous prétexte d'attendre mes amis, qui ne devaient pas tarder à revenir.

Aussitôt que j'eus perdu de vue mes conducteurs de mulets, je me dirigeai vers les rochers; et, ayant rendu compte à mes camarades de ce que je venais de faire, nous nous jetâmes à travers champs, gagnant dans le nord-ouest, où l'on m'avait indiqué la position de Tortose. Après une heure de marche très fatigante, et pendant laquelle nous fûmes obligés plusieurs fois de percer des haies et de franchir des fossés, nous trouvâmes un chemin qui nous parut être le nôtre, et nous le suivîmes.

Quelque rapprochés que nous fussions de l'armée française, nous craignions cependant de rencontrer quelques bandes de guérillas, qui auraient pu nous interroger et nous reconnaître. Cette crainte se dissipa bientôt : nous aperçûmes devant nous un troupeau de bœufs, qu'un détachement français, commandé par un sergent, conduisait au camp. Nous nous fîmes connaître à l'escorte, et continuâmes notre route ensemble. Sur les trois heures après midi, étant arrivés sur les derrières du camp, nous vîmes des groupes de fourriers et d'hommes de corvées qui venaient à la distribution. J'en parcourus quelques-uns et reconnus bientôt les fourriers de mon bataillon. M'étant approché d'eux, celui des grenadiers me demanda brusquement ce que je voulais, et m'ordonna de me retirer. “ Ce que je veux ? lui dis-je ; eh ! parbleu, comme vous, recevoir les vivres de ma compagnie. „ Aussitôt on me reconnut ; et les éclats de rire occasionnés par mon costume, les questions, les félicitations se succédèrent rapidement. Nous rentrâmes au camp. J'avais été remplacé dans ma compagnie et j'y fus mis à la suite, pour attendre la première place de fourrier vacante.

Le lendemain, je reçus deux mois de solde de gratification, qui, joints à ce qui me restait de ma portion du produit de notre théâtre, me fit une somme au moyen de laquelle je devais pour longtemps être à l'abri du besoin. Ce fut avec bien du plaisir que je jetai aux orties les vêtements de marin espagnol que je portais depuis trois jours, et que je revêtis l'uniforme. J'eus l'honneur d'être présenté au général commandant la division; il eut la bonté de me demander des détails sur mon évasion et sur la manière dont les prisonniers étaient traités à Cabréra.

Je revis Ricaud qui avait été accueilli dans son régiment comme je l'avais été dans le mien, et qui reprit du service presqu'immédiatement. Les deux jeunes marins avaient reçu des feuilles de route pour se rendre en France.

RELATION

DU CAPORAL DE GRENADIERS WAGRÉ (1).

Le 5 mai, à la nuit, nous mouillâmes à Cabréra. L'obscurité nous empêcha d'examiner notre nouvelle demeure; mais le lendemain nous la parcourûmes, et nous prévîmes que nous ne gagnerions presque rien à ce changement.

Les officiers avaient reçu une autre destination que la nôtre. On les avait casernes à Palma. J'ai su depuis qu'ils devaient une partie des petits soins qu'ils recevaient à une auguste proscrite, qui habitait alors Mahon. Les traits d'humanité ne sont pas si multipliés qu'on ne doive pas en citer les auteurs, et je me fais un devoir de déclarer le nom de Madame d'Orléans, mère du roi. Dans le cours de notre captivité à Cabréra, elle nous fit aussi participer plusieurs fois à la distribution de ses bienfaits par l'entremise des Anglais. Par son intercession au-

(1) Extrait du *Mémoire des captifs de l'île de Cabréra ou les Adieux à cette île où 16,000 Français ont succombé sous le poids de la misère la plus affreuse*; par M. Wagré, ancien prisonnier de l'île de Cabréra, Paris, chez l'auteur, rue Royale-Saint-Martin, nº 6, 18 mai 1835, in-8º de 230 pages.

près du gouverneur, les officiers à Palma jouissaient d'un peu de liberté; mais elle leur occasionnait souvent des invectives de la part de la population, et les exposait à des dangers. Pour ne point les provoquer par leur apparition, ils étaient obligés d'avoir recours à la ruse du déguisement, ou de ne sortir que rarement et encore à des heures de nuit. Malgré ces précautions sages, ils faillirent périr tous sous le poignard espagnol. Ceux qui eurent le bonheur d'y échapper durent en partie leur salut à la protection du gouverneur, qui leur procura des moyens d'évasion, et quelques-uns à leur courage et à leur héroïsme.

Les Espagnols croyaient plaire à l'Etre suprême et faire une action louable que d'assassiner un Français. On en a vu nous poursuivre un crucifix d'une main, un poignard de l'autre, et, après avoir commis de semblables forfaits, s'agenouiller pour en rendre grâce à Dieu. Nous étions,suivant eux, des impies sans foi et sans religion qui venions détruire la leur, et sous ce rapport la potence était un supplice trop doux pour nous. A défaut de celle-ci, ils dressaient des bûchers ou préparaient des chaudières d'huile bouillante, et lorsqu'ils pouvaient attraper un Francescados, ils le livraient aux flammes tout vivant et dansaient la farandole autour de leur victime.

*
* *

Nous ne négligions rien de ce qui était capable de nous procurer des moyens de fuir notre prison. J'en citerai trois exemples connus. Le premier, c'est le projet de fuite qu'avaient formé quarante officiers, dont moitié appartenant à la marine. Quoique privés d'outils et de matériaux propres à la construction d'une barque, ces officiers étaient parvenus à en faire une. Elle leur avait demandé trois mois de temps et de sacrifices. Jour et nuit ils y travaillaient. Ils avaient démonté de vieux seaux cerclés en fer, et avec les cercles ils avaient formé des scies et des couteaux qu'ils aiguisaient sur la pierre. De vieilles chemises et des morceaux de hamac avaient servi à faire des voiles; les cordages avaient aussi été fabriqués avec des cordes de hamac et avec du chanvre qu'on était parvenu à acheter secrètement. Pour le goudron, on avait recueilli de la résine sur les pins de l'île, et on s'était privé de ses rations d'huile pour sa composition. Chacun y prêtait la main et par son travail s'il était menuisier ou charpentier, et par des privations s'il ne l'était pas. Pour cette opération, on avait eu le soin de choisir une espèce de petite baie éloignée du quartier que nous habitions, et située entre deux rochers entourés de bois taillis. Nos gardiens ne s'étaient aperçus de rien, et la barque achevée était prête à être lancée à la mer; mais le vent, qui n'était pas favorable, fit remettre au lendemain l'exécution de ce plan d'évasion. Pendant la nuit, on s'occupa des petits détails de l'embarquement, et le lendemain à la pointe du jour on mettait à la voile, lorsque les canonnières qui avaient mission de nous surveiller vinrent à point s'en emparer. Un faux frère, que la misère porta, il faut le croire, à cette lâcheté, avait dénoncé au gouverneur de l'île l'entreprise de ces officiers. Hâtons-nous de le dire, cet infâme délateur n'était point Français; c'était un Piémontais qui disparut aussitôt sans qu'on sût ce qu'il était devenu.

Nous fûmes dès ce moment surveillés de très près. Il n'était plus possible de recourir à un expédient semblable. Il y en eut cependant qui ne se découragèrent pas, et nous allons voir une espèce de conjuration formée par quarante-deux prisonniers qui réussirent à leurs souhaits.

Les Espagnols amenaient de temps à autre quelques tonneaux d'eau douce pour notre consommation. Un jour qu'ils arrivaient avec leur chargement, nous étions en assez grand nombre sur le rivage, les uns comme baigneurs et les autres comme spectateurs. Lorsque les matelots furent prêts à amarrer leur barque, quarante-deux Cabrériens, à un signal convenu, sautèrent dedans, jetèrent les marins à l'eau, s'emparèrent de leurs rames et virèrent de bord. Nous autres, témoins de ce coup de main, restâmes dans le plus grand étonnement; car il fut exécuté avec tant de promptitude, qu'on n'eut que le temps de s'en apercevoir. Nous applaudîmes de tout notre cœur à cette action, qui néanmoins nous causa quelques inquiétudes pour les fuyards. Ils pouvaient être repris par quelque croisière ennemie, et peut-être condamnés. Heureusement ils purent parvenir jusqu'à Tarragonne, où ils trouvèrent l'armée française.

Quelque temps après, la réussite de ces conjurés donna l'idée à d'autres d'en faire autant. Ceux-ci, au nombre de soixante environ, ne réussirent pas, quoiqu'ils eussent aussi bien concerté leur projet. Ils avaient choisi pour accomplir leur dessein, non pas la barque à l'eau (elle ne venait plus), mais la barque aux vivres. Il y avait six jours que nous désespérions déjà de la voir arriver, lorsque nous l'aperçûmes de loin. Nous nous empressâmes d'accourir et de nous prêter à son déchargement afin de satisfaire plus tôt la faim qui nous harcelait; mais à peine fut-elle à moitié vide que les soixante conjurés exécutèrent devant nous les mêmes mouvements que ceux de nos camarades qui s'étaient emparés de la barque à l'eau. Réduits à la dernière extrémité, nous ne pûmes voir d'un bon œil l'exécution d'un projet qui détruisait notre unique espérance. Aussi, au moment où ils déployèrent les voiles, et où ils se mirent à ramer, nous nous saisîmes tous à la fois de morceaux de roche et les lançâmes avec force sur ces infortunés. Cette grêle inattendue les força à se rejeter à l'eau et à abandonner la barque. Alors les marins espagnols la reprirent, et ceux des conjurés qui n'avaient pas péri sous nos propres coups se dirigèrent vers les rochers pour les gravir. Il y en eut qui n'en eurent pas la force ni l'adresse, et qui se brisèrent la tête en se jetant à la mer. Ceux qui furent assez heureux pour se tirer de ce péril, se tinrent cachés pendant plusieurs jours sans oser reparaître sous nos yeux. Plus tard, ils furent envoyés en Angleterre; car ils étaient tous du grade d'officier ou de sous-officier.

Cette nouvelle tentative ne servit qu'à resserrer nos chaînes et nos vivres.

* * *

Ma demeure était près de la fontaine; de sorte que je voyais entrer et sortir ceux qui y venaient. Le commandant de l'île dirigeait souvent sa promenade de ce côté, ce qui me donna l'idée d'en être nommé le gardien. L'occasion ne tarda pas à se présenter. Un jour, lui ayant offert de le conduire, je le guidai sous la voûte du rocher qui conduisait à la fontaine, lui faisant remarquer tout ce qu'il y avait de défectueux, ensuite je lui fis observer que, si elle était nettoyée par un gardien, on y trouverait avantage, attendu que les décombres diminuaient de beaucoup le volume de l'eau, que les prisonniers atteints de maladies dégoûtantes, et les autres, plus ou moins propres, descendaient souvent, pieds nus, les escaliers mouillés pour aller puiser de l'eau; ce qui formait une boue qui tombait dans le réservoir, et troublait l'eau, et la rendait fétide. Il m'encouragea à lui faire ma demande qu'il accepta, en m'offrant pour récompense des peines, une livre de fèves tous les quatre jours; mais, avant tout, il me dit qu'il fallait qu'il écrivît au gouverneur pour avoir son approbation. Au bout de douze jours, la barque aux vivres apporta la réponse affirmative de celui-ci, avec l'ordre de mettre une porte en bois à claire-voie, et fermant à clef, à la fontaine. Cet ordre portait en outre que le gardien qui serait nommé aurait une ration de plus chaque jour, en sus de la sienne.

Je fus donc installé dans mon poste, ce qui me fit, par la suite, appeler le caporal de la fontaine; mais, comme notre commandant avait un protégé, il me l'adjoignit, et je fus obligé de partager avec lui le supplément de vivres. Afin de faire d'une manière plus convenable la distribution de l'eau, on afficha sur la fontaine un arrêté ainsi conçu :

ARTICLE PREMIER. — Tous les prisonniers français reconnaîtront les nommés Louis Joseph Wagré, caporal à la 1re légion, et Coradi, brigadier au 21e régiment de chasseurs, comme gardiens de la fontaine.

ART. 2. Il est ordonné à tous les prisonniers de se conformer au règlement suivant pour la distribution de l'eau.

ART. 3. La première ouverture de la fontaine aura lieu depuis cinq heures du matin jusqu'à dix, heure à laquelle la porte sera fermée jusqu'à deux heures, afin que le réservoir puisse se remplir.

ART. 4. La seconde ouverture aura lieu de deux à six, où elle sera fermée de nouveau jusqu'au matin.

Personne n'étant admis à entrer dans la fontaine, qui avait été nettoyée, l'eau filtrait doucement à travers le roc, et le reservoir se remplissait d'une eau claire et limpide, de manière que si chacun n'en avait pas une grande quantité, il avait au moins la satisfaction de l'avoir bonne.

Voici de quelle manière on procédait à la distribution : tous les prisonniers se mettaient sur deux rangs à la queue les uns des autres, et chacun à son tour, par la file de droite et par la file de gauche, venait puiser de l'eau dans un baquet placé à l'entrée de la fontaine, et s'en allait ensuite entre les deux rangs pour faire place à d'autres.

***

Nous avions trouvé un âne dans l'île. Nous l'avions gardé, et il nous était fort utile lorsque nous avions à transporter du bois ou toutes autres choses pesantes. Martin était le nom que nous lui avions donné. Lors de la distribution, à laquelle il ne manquait jamais, il venait prendre son rang comme prisonnier; chose remarquable, il ne laissait pas prendre son tour. Parfois, quoiqu'on lui donnât double ration, lorsqu'il n'était pas satisfait, il revenait à la charge.

*
* *

Cet animal était fort aimé de nous tous. Il était tellement intelligent, qu'on lui faisait faire tout ce qu'on voulait.

Chaque jour on faisait de nouvelles visites dans l'île, et nos Cabrériens y firent la découverte d'une grotte très vaste; elle était située de l'autre côté de l'île sur la gauche du fort, et son entrée, qui était très large, donnait sur la mer. Cette grotte était assez grande pour contenir à peu près quarante mille hommes; mais on ne pouvait l'habiter à cause de son éloignement de l'endroit de la distribution, et il n'y avait que quelques malheureux qui s'y réfugiaient pour y trouver un abri contre la chaleur insupportable que l'on ressentait dans l'île.

En pénétrant dans cette grotte, ce qui ne pouvait se faire qu'avec des flambeaux, on arrivait, par une pente assez longue, à une autre voûte. Son architecture semblait, au premier coup d'œil, être plutôt l'ouvrage des hommes que celui de la nature, qui s'était plue à l'orner de divers piliers symétriquement placés, et embellis de tout ce que l'art aurait pu avoir de plus recherché. C'était à qui irait admirer cette grotte ingénieuse. Moi-même j'y fus guidé par la curiosité ; je voulus pénétrer plus avant qu'on ne l'avait encore fait, et, après être descendu pendant un espace de temps considérable, sans trouver le fond de cette caverne, je fus forcé d'abandonner mon projet, dans la crainte de m'égarer.

*
* *

On fit, vers la même époque, la découverte d'une autre grotte moins grande. Beaucoup plus élevée, celle-ci représentait une église ; son entrée ressemblait à un puits, et on n'y descendait qu'à l'aide de cordages. Une fois que l'on était arrivé au fond, on se trouvait dans un lieu extrêmement sombre ; mais aussitôt que l'on avait allumé les torches, on était ébloui par la beauté des murs qui étaient revêtus de cristaux où se réfléchissait la lueur des flambeaux. On aurait pu croire que ses parois étaient couvertes de diamants. Plusieurs prisonniers, descendus dans cette grotte, ont rapporté des morceaux de ce cristal, que par la suite ils ont donnés à des Anglais qui venaient de temps à autre visiter l'île, ainsi que la place du *Palais-Royal.*

*
* *

Si nous avions à éprouver de grandes privations par la petite quantité de vivres, combien ceux qui avaient un grand appétit ne devaient-ils pas souffrir ? Je citerai ici un nommé Lajeunesse, canonnier. Cet infortuné, âgé de vingt-un ans, était d'une taille bien au-dessus de celle ordinaire, car il avait six pieds deux pouces, et était tellement proportionné dans sa taille gigantesque, qu'on pouvait le considérer comme un des plus beaux hommes.

Malheureusement pour lui, ses besoins répondirent à sa haute stature, et toujours au régiment on lui avait accordé un supplément de vivres; mais à Cabréra, quoiqu'on ait obtenu, à force de sollicitations, qu'on lui donnerait double ration, cela ne suffisait pas; et après avoir essuyé toutes les horreurs de la faim, il mourut à l'âge de vingt-trois ans. Il ne fallait rien moins que six livres de pain à ce malheureux pour un repas; ainsi l'on peut juger s'il put jamais satisfaire son appétit, puisque l'on sait que nous n'en recevions chaque jour que dix-huit onces.

* * *

Comme nous avions journellement à redouter de voir dérober nos vivres, et que nous n'avions pas de serrures, je ne crois pas utile de faire mention ici des ruses que nous employions pour les mettre à l'abri des larcins; je me bornerai seulement à rapporter un fait qui prouve que tout était bon pour nos voleurs. Quatre prisonniers qui vivaient en commun, et ménageaient leurs provisions autant que possible, suspendaient ce qu'ils pouvaient économiser dans un panier attaché au plancher. Un jour, un de ceux qui avaient pour habitude de convoiter le bien d'autrui, se doutant bien de ce que contenait le panier, conçut le projet de se l'approprier; mais il ignorait que les quatre propriétaires qui ne se souciaient pas de le voir passer en mains tierces, y avaient attaché une corde qui correspondait à leurs lits, et que chacun, à tour de rôle, s'attachait cette corde à la jambe. Ayant pénétré dans la maison, sans avoir fait de bruit, déjà il était parvenu à le décrocher; mais, pressé de jouir du fruit de sa coupable action, il s'apprêtait à fuir, quand celui qui se trouvait de garde cette fois là, se sentant tout à coup tiré par la jambe, n'eut pas de peine à se convaincre que le panier allait changer de maître, s'il ne s'empressait d'y mettre ordre. Aussitôt il se mit à crier *au voleur!* Celui-ci, effrayé, s'enfuit à toutes jambes; et comme, dans sa course précipitée, il passait par mon jardin, je voulus l'arrêter, et l'ayant saisi par son pantalon, il m'échappa en m'en laissant un morceau dans la main. Ce qui est assez curieux, c'est qu'on ne connut jamais le coupable.

* * *

Les Anglais venant quelquefois dans l'île, nous leur fîmes part qu'il y avait une chèvre d'une grosseur monstrueuse que nous n'avions jamais pu attraper, à cause du rocher qu'elle gravissait avec vivacité. Comme nous n'avions pas d'armes à feu, il était impossible de l'atteindre. Ce récit piqua la curiosité des Anglais, et s'étant fait accompagner d'une vingtaine de prisonniers, ils se rendirent dans l'endroit où l'on avait l'habitude de voir la chèvre. Ce ne fut cependant qu'après une battue générale, qu'on parvint à découvrir sa retraite. Un des chasseurs l'ajuste et la tue.

Cette chèvre était si grosse que, quand elle fut à terre, quatre hommes très-robustes purent à peine suffire pour la porter au brick, où l'on récompensa tous ceux qui avaient participé à cette chasse, en leur donnant à chacun environ un franc de France, qui, dans l'état où l'on se trouvait généralement, était une fortune.

*
* *

Les Espagnols, s'étant aperçus que nous n'étions plus autant qu'à notre arrivée, envoyèrent un commissaire avec des troupes pour nous passer en revue; il trouva deux mille hommes de moins, ce qui fit qu'on ne nous distribua nos rations qu'autant que nous avions été présents à la revue. Chacun recevant directement ses vivres, cela fut la cause de la mort de beaucoup, qui, se voyant maîtres de leurs rations, les mangeaient de suite, et restaient, comme je l'ai déjà dit, quelquefois trois jours sans manger. On passait cette revue tous les trois mois. A la seconde revue, quelques-uns s'étant aperçus que plusieurs défilés qui conduisaient à la mer n'étaient pas gardés, allaient se jeter à la mer aussitôt que le commissaire avait passé devant eux, et par un détour revenaient prendre rang à la queue des régiments. Les chefs fermant les yeux sur ces petites supercheries, il y en avait beaucoup qui employaient cette ruse. Mais, par la suite, il se trouva sans doute des délateurs, car ils furent pris sur le fait, et les soldats espagnols leur tirèrent des coups de fusil lorsqu'ils les virent à la nage. Un seul fut tué.

*
* *

Moi et seize de mes amis avions conçu le projet de nous évader à la première occasion. Nous jetâmes nos vues sur les barques de pêcheurs. Nous avions remarqué que ceux-ci, malgré la défense de venir aux environs de Cabréra, se mettaient la nuit à l'abri du côté de l'île des Lapins. Soit méfiance, soit par crainte d'être pris par les canonnières, les patrons de ces barques n'abordaient qu'à environ douze ou quinze pieds, et il s'agissait de s'emparer d'une d'elles et de l'attirer assez promptement au rivage, pour pouvoir s'en rendre maître sans donner l'éveil. A cet effet, voici le moyen que nous employâmes: après avoir fabriqué des cordages assez longs, nous mîmes à un des bouts des morceaux de chaîne d'environ trois pieds, auxquels se trouvaient attachés des crochets de fer, afin que, si les Espagnols venaient à s'apercevoir de notre dessein, au moment où nous viendrions à l'exécuter, ils ne pussent pas déranger et faire manquer nos projets en coupant les cordes.

Le moment désiré n'arrivait pas vite, car nous attendîmes cinq mois consécutifs ; mais enfin, s'étant présenté, nous crûmes devoir en profiter.

Comme tout était préparé de longue main, nous fûmes bientôt prêts. Ayant jeté notre grapin sur une barque, malgré les efforts des pêcheurs, qui étaient au nombre de quatre y compris le patron, nous amenâmes la barque à bord. Ayant aussitôt monté dedans, nous nous rendîmes maîtres d'eux, non sans peine, car ils criaient de manière à être entendus de ceux qui veillaient sur les canonnières; mais il semblait que la Providence nous protégeait, et nous eûmes le bonheur de gagner au large sans aucun empêchement. Nous étions déjà assez loin en mer, lorsqu'un de nos camarades, qui heureusement savait fort bien nager, tomba à la mer; ce qui empêcha que cet accident n'eût de suites fâcheuses, tant pour lui que pour nous, car nous n'avions pas de temps à perdre, et notre sûreté personnelle aurait exigé que nous l'abandonnassions. Après l'avoir aidé à remonter dans la barque, nous voguâmes vers Mayorque, espérant dire un éternel adieu à Cabréra. Comme notre intention était de nous débarrasser sur les côtes de Mayorque des quatre pêcheurs, lorsque nous y abordâmes, nous voulûmes les y déposer; mais le maître de la barque se refusa obstinément à descendre à terre. Un de nous, impatienté des injures grossières qu'il ne cessait de nous adresser en espagnol, et étant persuadé qu'il ne pouvait périr étant très près du rivage, le culbuta à la mer; il fut contraint d'aller rejoindre ses camarades que nous y avions déjà déposés. Cette affaire faite, nous nous remîmes en route à la grâce de Dieu, comptant beaucoup du reste sur deux marins qui étaient avec nous, qui nous dirigèrent sur Tarragone, où nous espérions trouver les Français. Outre les vivres emportés de Cabréra, et qui consistaient en biscuit, pour à peu près trois jours, nous trouvâmes quelques provisions dans la barque, ce qui nous mettait dans le cas d'atteindre, sans inquiétude de ce côté, le but de notre course; mais le second jour de marche, le temps étant venu à changer, nous eûmes à essuyer une tempête affreuse; les vagues à tout moment nous couvraient d'eau. Deux des nôtres n'étaient occupés qu'à vider, tandis que le reste ramait de toutes ses forces en leur disant: *courage!* car, pour comble de malheur, nous avions le vent contraire, ce qui nous retardait beaucoup. Outre cela, nous aperçûmes deux bâtiments, ce qui nous donnait de l'inquiétude; mais ils étaient trop éloignés pour nous apercevoir. Le troisième jour, nous n'aperçûmes plus rien: la mer était toujours houleuse, et le vent contraire, ce qui ne permettait pas de prendre un instant de repos, soit à ramer, à louvoyer ou à vider sans cesse notre frêle barque. Nos provisions touchaient à leur fin; le peu qui nous restait était couvert par l'eau de la mer, qui entrait dans notre barque, et deux de nos camarades s'en trouvaient très mal. Le quatrième jour, la mer devint plus calme, et nous aperçûmes dans le lointain un long trait noir, ce qui nous fit juger que c'était la terre: nous ne nous trompions pas. L'espoir revint dans nos cœurs; nous nous abandonnâmes à la joie la plus vive et nous redoublâmes de courage. Mais, hélas! nous étions loin d'atteindre notre but: les souffrances et la fatigue avaient totalement épuisé nos forces, et la faim commençait à nous tourmenter horriblement; il n'y avait qu'un miracle qui pût nous tirer de là. Nous apercevions toujours la terre; mais il fallait y arriver. Plusieurs d'entre nous s'abandonnèrent au plus violent désespoir. Enfin, le soir du cinquième jour, sur les onze heures, à la vue de Tarragone, notre barque alla donner droit sur une goëlette espagnole qui nous cria: *qui vive?* Ayant répondu: *prisonniers français!* elle s'avança sur nous; et, comme nous n'avions pas d'armes, nous ne pouvions opposer aucune défense, surtout exténués de faim et de fatigue, comme nous étions. Le seul parti à prendre était de nous rendre, et de retomber au pouvoir de nos ennemis, qui nous conduisirent dans un petit port, où nous aperçûmes quelques maisons. Après nous avoir donné de quoi ranimer nos forces, ils nous apprirent qu'il n'y avait plus de Français en Espagne. Cette nouvelle, comme on le pense bien, n'était pas faite pour nous satisfaire. Ayant remis à la voile à quatre heures du matin pour nous conduire à Mayorque, où nous arrivâmes dans la nuit, le commandant de la goëlette alla prévenir le gouverneur qu'il ramenait des prisonniers évadés de Cabréra. Celui-ci, ayant déjà été instruit par les pêcheurs, lui répondit que, quand un oiseau était en cage, et qu'il trouvait la porte ouverte, il faisait bien de s'échapper. Il avait réprimandé sévèrement et mis à l'amende les pêcheurs pour avoir enfreint ses ordres en allant aux environs de Cabréra. Néanmoins il décida que nous y serions renvoyés par la barque aux vivres qui devait partir dans deux jours; et, en attendant, on nous conduisit dans une caserne située sur le bord de la mer, et deux jours après nous avions repris notre captivité.

Bien souvent nous étions oubliés par les Espagnols; ou du moins, si nous ne l'étions pas entièrement, nous avions à essuyer de grands retards dans la distribution de nos vivres. Un jour, il y en avait déjà six que la barque qui apportait notre subsistance n'était venue, je mourais de faim, et, pour dissiper les tourments qu'elle me faisait endurer, je parvins à m'endormir. Une foule de songes s'emparèrent de mon cerveau: je rêvai que j'étais devenu fort riche; peut-être était-ce un pressentiment de ce qui allait m'arriver.

A mon réveil, j'appris que les vivres venaient d'arriver. Aussitôt, en ma qualité de caporal, ayant rassemblé les dix-neuf hommes qui restaient sur cent et vingt de ma compagnie, je choisis les quatre plus forts, attendu que presque tous étaient faibles au point de ne pouvoir, par l'excès du besoin, porter le plus léger fardeau. Nous nous rendîmes au port, lieu de la distribution; mais, notre tour n'étant pas encore près d'arriver, pendant que mes hommes s'étaient couchés, en attendant, dans les rochers avec les Cabrériens qui pouvaient voir de là décharger les vivres, moi, j'allai me promener sur un mur de deux pieds de largeur. Quand on n'est pas heureux, il est rare qu'on lève la tête, et mes yeux rencontraient plus souvent la terre que le ciel. J'aperçus quelque chose qui me fit d'abord l'effet d'un bouton de cuivre. Comme dans notre position la moindre chose devenait souvent fort utile, je me baissai pour le ramasser: c'était une pièce de vingt francs! Dans le premier moment, j'eus peine à me persuader toute l'étendue de mon bonheur. Je me convainquis qu'effectivement l'objet était réel, dans cette circonstance, et que j'étais devenu possesseur d'une fortune. Les prisonniers allant journellement se promener sur ce mur, il est étonnant qu'aucun d'eux avant moi n'ait eu ce bonheur. Maintenant, rentré dans mes foyers et obligé de travailler pour nourrir ma famille, je puis dire avec vérité que je n'éprouverais pas, si tout à coup on venait me donner vingt mille francs, une sensation plus douce que celle que me fit éprouver en ce moment cette pièce de vingt francs. Je ressentais l'embarras des richesses; je ne voulais confier mon secret à personne. Cependant, je me décidais à faire part de ma bonne fortune à mon ami Chaudé, dont je connaissais toute l'amitié et la discrétion. Voyant que nous avions encore au moins deux heures à attendre l'instant de la distribution, j'invitai Chaudé à prendre sa part d'une collation, mais je fus aussi surpris qu'attendri quand ce pauvre garçon, après m'avoir refusé, me dit: " Caporal, je suis bien endetté, je dois trente sous, et pour les payer, il faut que je me prive d'une ration par distribution pendant encore fort longtemps. Puisque vous avez l'intention de me régaler, ce dont je vous remercie, le plaisir que vous voulez me faire se changerait en un bien grand service si vous pouviez me donner ce que vous vous proposez de dépenser pour moi: cela me faciliterait les moyens de m'acquitter de ce que je dois, et me rendrait au moins maître de tous mes vivres, car vous savez que je suis toujours trois jours sans manger de pain. „

Il y aurait eu inhumanité de ma part de ne pas satisfaire à une demande aussi juste: je lui répondis: " Qu'à cela ne tienne; viens toujours, nous verrons „ après. „

Cette fois il ne se fit pas prier; et, nous étant acheminés vers une des cantines tenues par les Espagnols, nous nous disposâmes à nous récompenser au moins une bonne fois des privations que nous avions souffertes. Une grande difficulté s'élevait, c'était celle de changer ma bienheureuse pièce sans donner l'éveil à nos camarades; cela me tourmentait beaucoup. Après avoir réfléchi au moyen que j'emploierais, je m'arrêtai à celui de m'adresser au patron de la barque aux vivres. A cet effet, ayant demandé à lui parler en particulier, je lui dis qu'il m'obligerait beaucoup s'il pouvait me donner la monnaie d'une pièce de vingt francs. Comme je savais qu'à Mayorque elle valait dix-huit francs, je les lui demandai; mais il ne m'en offrit que seize francs cinquante centimes, dont il fallut me contenter, puisque je ne pouvais faire autrement. Porteur de mon argent, nous allâmes droit à la cantine, et, nous étant fait aussitôt servir à chacun une bouteille de vin d'Espagne, dont je n'avais pas bu depuis notre sortie de Xérès, j'ajoutai à cela quelques petites choses pour compléter le régal. Notre modeste festin coûta trente sous, et tout nous sembla délicieux.

Après avoir remis à Chaudé ce qu'il fallait pour acquitter sa dette, nous regagnâmes fort gaîment le lieu où se faisait la distribution. Une justice à rendre à celui que je venais d'obliger, c'est qu'il ne se démentit jamais. Pour moi, voulant profiter de ma richesse, et bien employer les treize francs cinquante centimes qui me restaient encore, je remontai ma garde-robe en achetant de suite, à plusieurs prisonniers nouvellement arrivés d'Alicante à Cabréra, divers effets. Tout cela, quoique fort bon, ne me coûta que très peu de chose, et l'attention que j'apportais à soigner et ménager ces objets fit qu'ils me durèrent jusqu'à ma sortie d'esclavage.

J'ai toujours pensé que cette pièce avait été perdue par un de nos officiers, attendu qu'ils allaient très souvent se promener sur le mur où je l'avais ramassée; et il est à présumer que le hasard en aura fait trouver à plusieurs d'entre nous, puisqu'un de nos camarades en trouva une dans la semelle d'un vieux soulier qu'on avait jeté dans les rochers derrière sa baraque ; ce qui lui arriva en allant chercher de vieux morceaux de cuir dont il faisait commerce en vendant le meilleur à ceux qui s'étaient imaginé d'établir des ateliers de cordonnier, où l'on travaillait plus en vieux qu'en neuf. Il fut moins heureux que je ne l'avais été; et, comme il se trouvait plusieurs Cabrériens avec lui au moment de sa découverte, il fut obligé de partager avec eux, et ce qui resta pour son compte ne lui profita pas beaucoup.

Nous avions huit femmes parmi nous, aussi infortunées que leurs maris, dont elles partageaient le sort et les privations. Je rends hommage à la conduite digne d'éloges qu'elles n'ont cessé de tenir. Il n'y eut qu'une d'elles, une Polonaise fort belle (que l'on ne peut, malgré tout, accuser, puisque le blâme doit retomber sur son mari), qui, voyant la misère où se trouvait ce dernier, consentit à être vendue par lui à un maréchal-des-logis de canonniers moyennant la somme de soixante francs, et à suivre celui-ci en Angleterre quand on y envoya les officiers.

Avec le temps nous allions de découverte en découverte, c'étaient toujours les plus hardis qui parvenaient à trouver quelques améliorations; ensuite tout le monde était appelé à partager le fruit de leurs peines, les uns en payant en argent, les autres en donnant des fèves, qui étaient toujours une monnaie reconnue chez nous. Ceux pour qui les excursions étaient un besoin, gravissaient continuellement les rochers escarpés, descendaient dans les précipices au bord de la mer pour chercher des coquillages; souvent,à la vérité, leurs peines étaient infructueuses, mais, dans un moment plus heureux, ils trouvaient de quoi s'en dédommager.

Un genre de pêche, que le hasard nous fit découvrir, semblera d'autant plus singulier que nous l'employâmes pour une espèce de poisson variant en grosseur et qui pouvait peser ordinairement de huit a neuf livres,poids du plus gros que nous ayons pris. Sa tête formait une masse plate ressemblant assez à un champignon, d'où sortaient sept queues qu'on pourrait comparer à des anguilles, et qui toutes étaient fixées à la partie supérieure, au-dessous de la tête. Ce poisson portait une espèce de vessie ou cloque remplie d'une liqueur noirâtre qu'il dégorgeait presque chaque fois qu'on le prenait, ce qui noircissait l'eau d'une manière étonnante. Voici comment nous découvrîmes ce poisson, dont la couleur était d'un gris foncé, et les moyens que nous employions pour le prendre.

Nous nous baignions très souvent à la mer dans un endroit qui se trouvait près de la rade et de notre place du Palais-Royal. Un jour nous entendîmes un de nos camarades appeler à son secours en criant de toutes ses forces qu'il était pris par les jambes, qu'il ne pouvait plus remuer de place. Nous crûmes d'abord qu'il s'était embarrassé dans les herbages; mais, étant allés pour le secourir, et l'ayant tiré de l'eau, nous trouvâmes un de ces poissons qui s'était attaché à ses jambes en les lui enlaçant et tortillant ses queues autour d'elles. Nos efforts pour lui faire lâcher prise furent d'abord infructueux; mais, l'eau étant venue à lui manquer totalement, il ne tarda pas à tomber de lui-même. Notre surprise fut extrême en voyant la construction de ce monstre marin, qui pouvait bien peser huit livres; mais, ayant réfléchi qu'il pouvait peut-être faire un bon manger, nous fûmes très contents de cette découverte.

Celui qui l'avait pris en étant conséquemment le propriétaire, il en vendit une partie, et se réserva l'autre pour son usage. L'ayant fait cuire, nous trouvâmes sa chair fort succulente; et bientôt le bruit s'étant répandu qu'on avait pêché un nouveau poisson très gros et très bon, c'était à qui se creuserait l'imagination pour trouver le moyen d'en attraper d'autres. D'abord on se servit d'un long bâton qu'on enveloppait de linge, et qu'on piquait dans l'endroit où le poisson faisait habituellement sa résidence. Celui-ci ne tardait pas avec sa queue de s'attacher au bâton: alors on le tirait à terre, et bientôt, comme la première fois qu'on en prit un, il cessait de vivre dès l'instant que l'eau venait à lui manquer. D'autres emmanchaient un morceau de fer au bout d'une perche, et piquaient le poisson comme on le fait lorsque l'on prend la truite au trident. Enfin plusieurs en pêchèrent à la main, et moi-même j'en pris plusieurs, échangeant ce que j'avais de trop contre des fèves. Ensuite, comme il était bon (peut-être le trouvions-nous ainsi à cause de la continuelle privation où nous étions), il nous remplaçait la viande, et nous faisions du bouillon avec sa chair, que nous mangions ensuite, et qui, cuite, était rouge et n'avait plus aucun des goûts fades du poisson. D'après ce que nous apprîmes des Espagnols, nous sûmes qu'ils l'avaient désigné sous le nom de *pourpre* (poulpe?), qu'il justifiait bien par la couleur de sa chair.

Nous avions encore la facilité de nous procurer du poisson en nous adressant aux pêcheurs espagnols, qui très souvent venaient tendre leurs filets sur les côtes de Cabréra, et prenaient pour les aider quelques-uns des nôtres, qu'ils payaient ensuite en poisson, dont ceux-ci revendaient le surplus. Mais cela ne dura pas longtemps, et l'envie de la liberté agissant fortement sur beaucoup d'entre nous, il y en eut qui s'emparèrent des barques de ces pêcheurs et qui s'évadèrent avec; ce qui fit qu'on leur intima l'ordre de ne plus débarquer dans Cabréra, sous peine d'amendes très considérables.

Madame Daniel, surnommée la *Mère-au-Vent*, à cause de l'état de nudité où elle se trouvait faute d'habillements, avait perdu son mari en Espagne. Son fils partagea la captivité de sa mère. Ils construisirent une cabane où ils résidèrent tous deux jusqu'à leur sortie de l'île; et nous étions touchés de la tendresse de cette mère, qui savait se priver de sa ration pour en donner au fils en lui disant : “ Mon garçon, tu dois vivre pour raconter nos malheurs; et moi je dois finir dans cette île affreuse après avoir vu assassiner ton malheureux père „ (1).

Après le départ des officiers pour l'Angleterre, on s'empara de leurs tentes et on en forma un refuge pour les malades, dont le nombre était considérable, quoiqu'il en mourût tous les jours. On le nommait l'hôpital de *la Colline*, par rapport à sa situation choisie au pied d'un coteau. N'ayant pas de lits pour les coucher, nous les étendions sur des paillasses, composées d'un peu de paille, d'herbes, de feuilles sèches. La majeure partie de ces malheureux n'avaient pas la possibilité de se remuer, et privés d'aliments et de soins, ils attendaient dans cette horrible position une fin qui n'était pas éloignée. Elle n'arrivait pas toujours d'elle même et à pas comptés comme on va le voir.

Une nuit un orage épouvantable éclata, nos baraques de branches d'arbre furent bientôt presque entièrement démolies. Nous nous trouvâmes ainsi trempés jusqu'aux os. Dans cette fâcheuse circonstance, notre seul parti était d'attendre avec résignation le beau temps. Des cris nous parurent venir du côté de l'hôpital de la colline. L'obscurité que la pluie avait ramenée empêchait de rien distinguer. Nous entendions seulement quelques voix qui s'écriaient: au secours ! sauvez-nous! et ces voix la-

(1) Débarqués à Marseille, ils partirent pour Lille en Flandre, afin d'y fixer leur demeure, continuant à vivre ensemble dans la meilleure intelligence. Mais la mort vint frapper tout à coup cette respectable mère. A ses derniers moments, conservant le souvenir de son affreuse misère, elle demanda à être portée en terre par quatre prisonniers de l'île de Cabréra; ses dernières volontés furent exécutées. Son mari avait été tué en voulant s'opposer à l'embarquement de sa femme comme compagne de captivité.

mentables se perdaient parmi le bruit du torrent qui s'était formé dans la colline et qui entraînait nos camarades à la mer. Très peu échappèrent à ce déluge, et l'hôpital fut complétement détruit. Le lendemain matin nous eûmes la douleur de trouver quelques victimes accrochées sur leur passage dans des broussailles et dans les joncs. Nous leur rendîmes les derniers devoirs, et nous nous occupâmes ensuite à reconstruire nos habitations.

*
* *

Un prisonnier dont la ration de quatre jours suffisait à peine pour un repas, pressé par la faim, passait ses journées dans les bois et les rochers à se nourrir d'herbes et de racines. Il mena plusieurs mois ce genre de vie, et finit par ne pas reparaître de quelques jours. On le croyait mort et on ne s'inquiétait plus de lui. La revue de l'inspecteur étant arrivée pendant cet intervalle, il fut rayé du contrôle des vivants. Au bout de quelque temps nous fûmes surpris de le revoir, et lorsque nous lui eûmes appris qu'il n'y avait point de vivres pour lui, il repartit dans ses montagnes et, ne trouvant plus rien, il se décida à rentrer au quartier général. Mais comme personne ne se privait du peu qu'il avait en faveur d'un autre, il fut bientôt réduit à vivre d'excréments.

Un jour, entre autres, plusieurs de nous furent témoins d'une action tout aussi dégoûtante : un bâtiment anglais s'était abrité dans la rade de Cabréra; l'équipage mit pied à terre et vint nous visiter. Parmi les passagers se trouvait un mylord dont la mine rubiconde et l'embonpoint contrastaient singulièrement avec la pâleur de notre teint et la maigreur de notre corps. Sa seigneurie, il est à présumer, sortait de table; car elle n'eut pas fait quelques pas que, soit que le grand air l'eût suffoquée, soit qu'elle se fût gorgée de trop de viandes et de liqueurs, elle rendit devant nous une grande quantité d'aliments, dont l'odeur seule soulevait le cœur. Eh bien! ce malheureux Cabrérien se jeta dessus comme un lion sur sa proie, et mangea jusqu'aux plus petites parcelles de nourriture que mylord avait rendue.

Quant au dernier trait, il est d'une nature qui fait encore frémir: Heureusement ce fut le seul de ce genre. Il fut produit par la famine que nous essuyâmes sept jours.

* * *

Cet individu était Polonais, et d'un appétit insatiable.

Ce monstre choisit de préférence son camarade de baraque. Cet exécrable forfait consommé, il cacha le cadavre de sa victime derrière leur baraque.

Un Cabrérien, nommé Cannape, aujourd'hui menuisier à Saint-Germain-en-Laye, avait l'habitude de rendre de fréquentes visites au Polonais et à son camarade. Il arriva et trouva l'assassin occupé à assaisonner, dans une marmite qui était sur le feu, un mets dont l'odeur le frappa. Comme il y avait sept jours que les prisonniers manquaient de tout absolument, il fut encore plus surpris de l'espèce d'abondance qui semblait régner chez le Polonais. Il le questionna à cet égard et n'en reçut que des réponses évasives. Alors, excité par la curiosité et plus encore par le besoin, il découvrit la marmite, et qu'aperçut-il ? le cœur et le foie d'un homme déjà à moitié cuits. Un cri d'horreur qu'il poussa à cet instant attira d'autres Cabrériens. On fit aussitôt des recherches et on trouva le corps de la victime gisant derrière son habitation. Il ne fallut pas d'autres preuves pour faire arrêter ce scélérat, qui ne désavoua pas son crime, mais qui dit y avoir été poussé par les tourments et la nécessité de manger. Il y en eut qui voulurent faire justice de suite ; ils en furent empêchés. On l'enferma dans une cambuse, et on lui attacha les mains sous les genoux en attendant des ordres supérieurs. Ils arrivèrent de Palma douze jours après, avec des soldats qu'on envoya exprès pour le fusiller.

Nous ne mangeâmes pas une fois de la viande, si j'en excepte celle de notre petit âne Martin (1), que nous fûmes obligés de sacrifier le sixième jour de cette famine, et que nous partageâmes par portions égales de trois quarts d'once par hommè, y compris les os. Les naturalistes prétendent que l'homme bien portant peut exister neuf jours sans prendre aucune nourriture; mais que le septième il deviendra enragé ou qu'il tombera de faiblesse sans pouvoir se relever (2). Ce que je puis affirmer c'est que beaucoup de nous succombèrent

(1) Nous avions donné ce nom à un âne qui était le seul habitant de l'île lorsque nous y entrâmes, y compris quelques chèvres sauvages qui, dès le premier abord, nous servirent de pâture. Nous lui étions très attachés, parc qu'il nous était très utile, et qu'il avait un instinct au dessus de ceux de son espèce.

(2) Comme bien d'autres, cette réflexion de Wagré a été reproduite par nous dans toute sa naïveté. Elle affirme à sa manière l'authenticité du récit.

d'inanition, et que pas un ne ressentit les incalculables et malheureux effets de la frénésie ou de la rage; car il ne fut pas prouvé que le Polonais qui était devenu anthropophage en fût atteint, puisqu'on le trouva dans un état très paisible lorsqu'on découvrit son crime.

Notre nombre diminuait avec une effrayante rapidité. Le manque de vivres, qui se prolongeait jusqu'à sept et huit jours, les maladies de peau et de tous genres, la voracité avec laquelle nous mangions en un instant nos rations de quatre jours, les privations continuelles d'eau, de vétements et de médicaments nécessaires aux malades qui étaient nombreux, tous ces besoins éclaircissaient nos rangs avec autant de promptitude que la fusillade, avec la différence cependant que celui qui reçoit la mort sur un champ de bataille ne la voit pas venir, tandis que nous l'apercevions sans cesse devant nous.

Nos geôliers voulurent établir une cambuse ou magasin pour servir d'entrepôt au peu de consommations qui nous arrivaient irrégulièrement une, deux ou trois fois par mois.

A cet effet, on s'avisa de choisir près du port, vis-à-vis des chaloupes canonnières destinées à notre garde, les rochers les plus convenables pour former deux pans de mur afin qu'on n'eût plus qu'à élever les deux autres parallèles.

Les Cabrériens ne voyaient qu'avec crainte le commencement des travaux; l'établissement de la cambuse prouvait assez qu'on ne pensait aucunement à nous rendre libres. Dans cette conviction, nous étions peu disposés à nous prêter aux corvées que l'on exigeait pour le transport des morceaux de pierre, de roche et de bois. D'ailleurs la plupart de nous ou étaient malades ou n'avaient pas la force de se traîner. La persuasion qu'on employa d'abord n'ayant point réussi, il fallut en venir aux moyens de rigueur, et aucun de ceux qui pouvaient se tenir debout ne fut exempt de travaux. Assimilés à des bêtes de somme. on nous forçait à en faire le service, l'estomac et le ventre creux; aussi beaucoup tombaient sous le poids dont ils étaient chargés. Des Cabrériens allaient se cacher dans les crevasses des rochers éloignés, et ne revenaient qu'à la nuit dans leurs habitations. De cette manière, le nombre des travailleurs était peu considérable, et la cambuse n'avançait que très lentement. L'épaisseur de ses murs en construction pouvait porter de trois à quatre pieds. Ils étaient en grande partie bâtis avec des quartiers de roche qui se détachaient de temps à autre, avec de la terre sèche et les débris des cahutes de ceux qui avaient succombé ou qui étaient parvenus à fuir. Le tout était entassé sans régularité et sans mortier ni ciment; l'eau de la mer n'étant pas propre à cet usage.

* * *

D'après ces détails, il est facile de se faire une idée de l'élégance de notre magasin de vivres projeté. Cependant, il faut le dire, il eût été de quelque utilité pour les *rafalés*. On nommait ainsi des malheureux, au nombre de deux cents, rongés par les dartres et la gale. On les avait relégués dans une vaste grotte joignant la mer et la cambuse, afin de cacher leur nudité absolue et d'éviter leur contact avec les autres prisonniers, qui les fuyaient comme des pestiférés. S'ils sortaient pour prendre l'air, ce n'était que chacun à son tour et deux à la fois, n'ayant pour eux tous que deux vestes et deux pantalons accrochés à l'entrée de la grotte, et qui leur servaient alternativement. Chaque fois que la barque arrivait, on avait le soin de leur porter leurs rations. On les déposait à l'entrée de leur habitation où ils venaient les chercher avec assez d'ordre; mais aussitôt qu'ils en étaient possesseurs, ils se jetaient dessus, les dévoraient en un seul repas, et en étaient ensuite privés jusqu'à la nouvelle distribution. Le seul soulagement qu'il nous était possible de leur procurer, c'était de faire cuire leurs légumes. Nous nous en acquittions régulièrement et avec empressement.

Cette attention de notre part aurait dû leur inspirer de la reconnaissance et les corriger du penchant que quelques-uns avaient contracté de venir nous voler pendant la nuit. Mais la rage de la faim les égarait. Deux ou trois de ces malheureux, pris sur le fait en récidive, eurent d'abord les oreilles coupées, furent mis à mort et ensuite jetés à la mer. Afin de parer à ces inconvénients, nous fûmes obligés d'établir une garde et de placer deux sentinelles à l'entrée de la grotte, avec la consigne de ne point les laisser sortir pendant la nuit.

***

Ce qui nous confirmait dans l'idée que nous ne sortirions jamais, c'était l'ironie avec laquelle répondait le père Damien, aumônier espagnol, auquel on avait confié le salut de notre âme. Lorsque nous lui demandions si on ne nous rendrait pas bientôt la liberté : " Quand ma canne fleurira ou bien quand les piquets de vos tentes prendront racine „, disait-il avec un rire qui décelait la joie de son âme vindicative. Cette réponse insultante était-elle bien placée dans la bouche d'un ministre de Dieu?

Néanmoins je dois dire à la louange du père François qu'on avait adjoint au père Damien, que jamais il ne profita de notre misère pour nous en faire sentir l'amertume. Au contraire, il nous exhortait à la patience, et aurait voulu de tout son cœur pouvoir briser nos chaînes : "Ayez confiance en Dieu et prenez courage, nous disait-il ; c'est par la patience et la résignation que vous surmonterez vos souffrances. Si j'ai quelques bonnes nouvelles à vous apprendre, soyez certains que je me ferai un plaisir de les porter à votre connaissance. „

Effectivement, il tint parole ; car quelques jours avant notre délivrance, il partit pour Palma, et lorsqu'il eut appris que la paix était faite, il revint aussitôt à Cabréra pour nous en faire part. Il n'eut rien de plus pressé que de se rendre dans la chapelle où il célébrait habituellement le service divin, et de faire sonner la cloche deux heures plus tôt que de coutume. Dès que nous l'entendîmes, nous ne doutâmes pas que ce bon pasteur avait quelque chose de favorable à nous annoncer, et nous nous y rendîmes avec un empressement extraordinaire et en si grand nombre, que la chapelle ne put nous contenir tous. La joie brillait dans ses yeux, et il nous ouvrit alors son cœur, dont l'émotion était visible.

“ Mes amis, nous dit-il, j'étais allé exprès à Palma pour m'informer si Celui qui nous accable de ses bienfaits comme de sa colère lorsque nous l'avons méritée, ne vous dégagerait pas bientôt de vos liens. Mes vœux et mes prières ont enfin été entendus, et j'ai l'espérance que le terme de vos maux est arrivé. Cet être tout-puissant a eu pitié de votre sort, et ses décrets viennent de s'accomplir en faisant cesser la guerre qui seule vous retenait encore dans ce lieu de désolation. Prosternez-vous à ses pieds avec moi, rendons-lui des actions de grâces, et invoquons sa miséricorde pour qu'il daigne activer votre délivrance, qui ne saurait tarder maintenant. „ Après cette petite allocution, nous entendîmes sa messe, et nous nous retirâmes ensuite avec confiance en criant : “ Vive le père François „ (1).

(1) Je ne saurais me dispenser de signaler ici au mépris des amis de la vérité une publication pseudo-historique arrivée à sa cinquième édition. Son auteur s'est imaginé sans doute que la dignité de l'Eglise était compromise s'il ne faisait point de ce Damian Estelrich (c'est le vrai nom) le modèle des pasteurs, et il a faussé sans façon les textes dont il s'est servi en se gardant bien d'en citer les véritables auteurs. S'il parle de Wagré et de Ducor, c'est pour les rendre suspects en leur opposant une relation dont il ne nomme pas l'auteur et pour cause. D'après ce récit effronté, *le bon et compatissant Estelrich* ne cesse de soigner les malades, il procure aux hommes encore valides de la graine de légumes qui donnent *trois ou quatre récoltes de légumes* par an. Parmi ces légumes se trouvent les petits-fils du chou colossal de légendaire mémoire *(quatre pieds de haut et gros à proportion)*, mais ce n'est pas tout ; il plante des cotonniers dont la récolte lui permet de faire *des distributions de chemises et de pantalons*. C'est encore lui qui organise la fabrication des petits objets dont la vente peut soulager leur misère. Quand la barque au pain se trouve en retard, il partage ses provisions et son vin avec

Nos forces s'affaiblissaient davantage. Cela est si vrai que plusieurs Cabrériens avaient perdu toute intelligence. Ce n'étaient plus que des brutes à figure humaine. L'indifférence avait pénétré dans tous les cœurs. La citerne qui avait d'abord servi de théâtre était abandonnée depuis longtemps, et nos travaux habituels, consistant dans la fabrication de divers petits objets d'utilité ou d'agrément, étaient négligés.

Le plus âgé de nous comptait à peine quarante ans, et le plus jeune vingt-deux à vingt-trois. Chacun paraissait en avoir trente de plus.

Depuis que nous avions mis les pieds sur les pontons de Cadix, nous n'avions aucune nouvelle de France. Nos questions à ce sujet ne recevaient aucune réponse, et c'est vainement que nous grimpions jusqu'au sommet des rochers les plus élevés de l'île, pour tâcher de découvrir quelques vaisseaux français. Les croisières espagnoles et anglaises,

ses ouailles, ajoutant avec émotion : « Mes enfants s'il faut mourir, nous mourrons tous *ensemble* ». Il est impossible de pousser le mensonge aussi loin.

Du bon père François, pas un mot ! car c'est le mauvais prêtre auquel l'auteur s'intéresse seul. Il faut absolument qu'il soit un ange *per fas et nefas*. La comparaison de nos textes permettra au lecteur de juger. La dignité de l'Eglise ne saurait que perdre au concours de tels amis, et nous ne serons jamais de ceux qui la croient intéressée à la propagation de telles impostures.

Comme la propagande du livre a été grande, c'est le seul qu'on connaisse à l'île Majorque. Aussi la bonne réputation du *senor Estelrich* y est-elle installée, à l'état légendaire. C'est à un tel point qu'on a demandé à la France une souscription pour élever au bon aumônier un monument commémoratif de son dévouement et de sa charité. Notre consul a heureusement été mieux informé.

maîtresses du détroit de Gibraltar, ne les laissaient point approcher. Nous ne communiquions qu'avec les canonnières commises à notre surveillance, et encore cette communication devenait sans importance par le silence qu'elles gardaient.

Un capitaine de frégate, ayant sous ses ordres plusieurs bâtiments de transport, arriva devant Cabréra le 16 mai 1814. Au costume de l'équipage et au salut que fit la goëlette, nous eûmes bientôt reconnu les Français. Si notre joie fut excessive, notre surprise ne le fut pas moins; car nous ne concevions rien au changement qui s'était opéré dans la couleur du pavillon, et la bannière blanche nous était totalement inconnue. Malgré ce changement, nous ne laissâmes pas que de faire éclater notre contentement. Nous étions à la vérité si malheureux, que de quelque part que dût venir notre délivrance, elle devait nécessairement nous faire plaisir.

Après avoir débarqué, le capitaine s'empressa de communiquer les ordres dont il était porteur, et nous adressa en même temps un discours dans lequel il nous apprit les douloureux événements qui, en changeant la destinée de la France, changeaient aussi la nôtre.

Le petit nombre des nôtres qui étaient présents se répandit dans l'île, et y sema l'heureuse nouvelle. L'allégresse remplaça la mélancolie. Nous nous donnions la main, et nous nous embrassions avec transport. Les uns bondissaient de plaisir, les autres couraient en jetant en l'air leur coiffure. Ceux que l'abattement et la faiblesse retenaient dans leurs cahutes poussaient des cris, et se traînaient à genoux pour aller s'informer eux-mêmes si on ne les trompait pas, comme cela était déjà arrivé plusieurs fois. Il en est qui restèrent insensibles, soit parce qu'il leur était difficile de croire à ce bonheur inespéré, soit parce que l'insouciance s'étant emparée d'eux, ils attendaient patiemment le sort funeste qui semblait leur être réservé. Ceux qui avaient eu la force et le courage de résister, versaient des larmes d'attendrissement. Le rivage fut bientôt encombré de Cabrériens. La foule se pressait pour contempler les traits de nos compatriotes. On leur tendait les bras, mais notre aspect leur glaça les sens et les remplit de stupeur: ils se tenaient dans une immobilité silencieuse, ne sachant pas s'ils avaient devant eux des sauvages. Malgré eux, ils détournaient la vue de ce tableau déchirant, et nous avions l'injustice de prendre les marques de leur profonde douleur pour de l'insensibilité.

Nous ne tardâmes pas à être désabusés; car leurs exclamations nous prouvèrent que ce qui les retenait dans cet état de stupeur était le spectacle effrayant qu'ils avaient sous les yeux. En effet, pouvaient-ils voir sans émotion et sans frémir des hommes pour la plupart presque nus ou couverts de haillons, sans chaussure. Des hommes aux joues creuses, au teint livide, à la voix éteinte, aux yeux enfoncés dans leurs orbites, à barbe longue et sale, à chevelure hérissée.

Le capitaine, touché jusqu'aux larmes de notre affligeante situation, voulait hâter notre départ; mais il fut forcé d'attendre, pour l'effectuer, que les bâtiments du transport fussent arrivés (1). Profitant de ce laps de temps, il visita tous les prisonniers dans leurs baraques, les assura de sa protection et leur promit des secours. Il ne se lassait pas surtout d'admirer l'art avec lequel nous étions parvenus à former, sans outils, des habitations assez régulières, et à diviser des rues, des quartiers et des places. Celle que nous avions nommée place du Palais-Royal méritait surtout de fixer son attention. C'était le rendez-vous des promeneurs et notre marché, car nous avions aussi un marché où nous échangions les fruits de notre culture, du pain contre des fèves et des fèves contre du pain ou du fil. On y vendait

(1) Extrait de la relation d'un officier de la flottille :

« On laissa tomber l'ancre dans un petit port au nord de l'île. Une frégate espagnole, entièrement délabrée, servait à la garde des prisonniers, ainsi qu'un simulacre de fort où logeaient à peine quarante soldats. A la vue de notre pavillon qui leur annonçait le jour de la délivrance, les prisonniers, semblables à des spectres, se traînèrent le long des rochers ; ils en descendirent avec peine les escarpements pour se précipiter vers le rivage, en poussant des cris de joie. Plusieurs d'entre eux, auxquels le sentiment de la liberté imprima je ne sais quelle énergie, vinrent en nageant jusqu'à bord : ils furent accueillis avec une compassion que l'on ne peut comparer qu'à l'indignation profonde dont nous fûmes simultanément saisis envers les auteurs d'une si déplorable détresse. Les traitements qu'ont subis les prisonniers de Cabréra resteront comme une tache ineffaçable sur la nation espagnole. Dans cette funeste circonstance, elle a démenti la réputation de générosité qu'elle s'était acquise parmi les peuples civilisés. De dix-neuf mille Français jetés sur cette plage aride, à la suite de la désastreuse capitulation de Baylen, seize mille avaient succombé. Les horreurs de la soif et de la faim portèrent plus d'une fois ces victimes du fanatisme aux excès des cannibales de l'Océanie ; le récit de leurs maux, pendant cette captivité, faisait venir une sueur glacée sur le front de nos marins. Nous nous pressions autour des prisonniers ; nous les écoutions dans un morne silence. A l'époque dedu tabac, des choux, des raves, des souris et des rats que les prisonniers avaient eu la patience d'apprivoiser pour les faire multiplier afin d'en faire un objet de commerce. Une souris se vendait cinq fèves et un rat vingt-cinq, selon sa grosseur, Celui de nous qui pouvait se procurer un, deux ou trois de ces petits animaux était, je puis le dire, un matador, et faisait bonne chère. Nos travaux journaliers attirèrent aussi son intérêt et sa curiosité, et il fut indigné du peu de produit que nous en tirions. Les plaintes et les renseignements lui venaient en abondance; mais que pouvait-il pour faire cesser les

notre débarquement, deux cents de ces malheureux, frappés d'aliénation mentale, erraient au milieu des rochers inaccessibles, n'ayant d'abri que des cavernes, où leurs compagnons d'infortune, dont l'énergie avait triomphé de tant de misère, leur portaient la minime ration que les fournisseurs espagnols ne leur faisaient même pas très régulièrement parvenir. Ce système de négligence, et l'état de nudité dans lequel on laissait nos tristes compatriotes, ne prouvaient que trop l'intention calculée de les faire périr lentement. Lorsqu'on eut fait savoir aux prisonniers que l'on venait, par ordre du roi de France, prendre les renseignements nécessaires pour expédier des bâtiments qui devaient les reconduire dans leur patrie, une joie délirante s'empara d'eux : ils se portèrent sur différents points de l'île; puis, avec des transports vraiment frénétiques, ils livrèrent aux flammes les chétives cabanes qui, jusqu'à ce jour, leur avaient servi d'asile, comme s'ils eussent dû s'en éloigner à l'instant même : la nouvelle de leur délivrance les avait, en quelque sorte, frappés d'aliénation. La nuit vint, nous fûmes retenus par des vents contraires dans le port de Cabréra. Il nous fut impossible de rester spectateurs tranquilles de cette réjouissance extraordinaire que le lieu de la scène et les acteurs rendaient si touchante. Nous illuminâmes; on suspendit des fanaux au bout des vergues ; des salves d'artillerie répondirent à leurs exclamations de reconnaissance. L'équipage de la frégate espagnole, jusqu'alors impassible, ne put résister à cet élan, et nous imita. Le 16 mai 1814, les prisonniers de Cabréra furent conduits à Marseille. »

premières et profiter des seconds, si ce n'est de préparer notre embarquement! C'est ce dont il s'occupa dès qu'il vit approcher le reste de la flottille. A son apparition, les doutes et l'incertitude de ceux qui en avaient encore disparurent. Nos forces se ranimèrent, et notre joie s'accrut au point qu'on aurait pu nous croire tous aliénés. Pêle-mêle, nous parcourions l'île en sautant et en dansant. Fouler aux pieds nos travaux, démolir nos baraques, y mettre le feu sans égard pour les services qu'elles nous avaient rendus, tout cela se fit en un clin d'œil. Rien n'était respecté. Il semblait que ces objets étaient les complices des auteurs de nos tourments, et leur destruction était une vengeance nécessaire à notre ressentiment.

Nous n'épargnâmes pas non plus l'aumônier, dont j'ai dejà parlé. Son impertinente moquerie, que nous n'avions supportée que parce que nous n'étions pas en position de lui en faire sentir l'inconvenance, nous avait choqués plus d'une fois. Il nous fournit lui-même l'occasion de prendre notre revanche, en nous disant d'un ton mielleux et patelin: " Eh bien, mes bons amis! grâce à Dieu, vos souhaits sont accomplis. Vous devez être contents de retourner dans votre pays. Avant de nous séparer, j'espère bien que vous ne me refuserez pas une dernière preuve de votre amitié, en me délivrant un certificat des soins que je vous ai donnés et du zèle que j'ai apporté dans l'exercice des fonctions qu'on m'avait confiées près de vous. „

" Il est vrai, Monsieur, lui répondîmes-nous, que votre canne est fleurie, et que les piquets de nos tentes ont pris racine. Par conséquent nous sommes libres. Quant à ce que vous exigez de notre amitié, nous sommes prêts à attester toutes les humiliations dont vous nous avez abreuvés, et tous les vols que vous avez commis à notre préjudice. Au surplus, attendez-nous ici, et à notre retour, nous signerons votre certificat de bonne conduite. „

Il n'en voulut pas entendre davantage, et il nous tourna le dos en faisant la grimace.

*
* *

L'ordre d'appareiller ayant été donné, nous nous mîmes en devoir de charger sur nos épaules ceux de nos camarades qui ne pouvaient marcher, et nous les transportâmes à bord des bâtiments, où ils reçurent les secours qu'on était à même de leur donner.

C'est ici le lieu de décerner au brave capitaine l'hommage dû à son humanité. Chaque prisonnier, selon ses besoins, reçut par ses ordres ce qui lui était nécessaire en vivres. Quant à des vêtements, il n'en fit distribuer qu'aux plus nécessiteux, n'en ayant pas à sa disposition pour tous. C'était toujours avec bienveillance qu'il recevait nos plaintes et nos réclamations. Il se plaisait même à écouter le récit qu'on lui faisait de nos souffrances. On lisait sur sa physionomie qu'il était heureux de pouvoir nous procurer quelques soulagements. Aussi était-il respecté et aimé de tous les Cabrériens. Les officiers, les aspirants, les marins, eurent aussi des droits à notre reconnaissance. Leur sollicitude pour nous était celle de braves et généreux camarades. Ils nous donnaient de grand cœur ce dont ils pouvaient disposer, et ils partagaient avec nous leur vin, leur eau-de-vie, leur tabac et leurs vivres. Nous avions retrouvé en eux des frères, des amis, et ce n'était pas la moindre de nos consolations. Qu'ils reçoivent ici l'expression de notre gratitude.

RELATION DE C. DE MÉRY (1)

OFFICIER AUX VOLTIGEURS DE LA GARDE DE PARIS.

(1re DIVISION, 1re BRIGADE).

Par suite des dispositions du traité, les troupes devaient se rendre dans différents ports pour s'y embarquer. Le 24 juillet, la 1re division fut dirigée sur Cadix. La 2e et la 3e division devaient se rendre à Malaga. Le jour même, nous fûmes coucher à Villanueva. Les marins de la garde, le régiment de la garde de Paris, la 3e légion et l'état-major général du corps d'armée, composaient le premier convoi; la 2e brigade nous suivait à une journée de marche; tous les officiers avaient conservé leurs épées en vertu de la capitulation.

Le 18 décembre, vers une heure du matin, nous arrivâmes dans la baie de Cadix; à midi, on nous conduisit au quartier Saint-Charles, dans l'île de Léon. Arrivés sous le vestibule, nous fûmes escortés par des gardes nationaux, qui nous firent entrer

(1) Extrait des *Mémoires d'un officier français prisonnier en Espagne* (Paris, Boulland, 1823, in-8°). Quérard dit que le nom de l'auteur se trouve imprimé sur quelques exemplaires d'une 2e édition. Cet ouvrage contient des pièces officielles, et d'autres relations inédites dont l'authenticité ne saurait être mise en doute. On peut le considérer comme un complément précieux des relations précédentes.

dans une salle où s'étaient réunis plusieurs membres de la junte. On commença par nous enlever nos épées, ensuite on nous enleva l'argent et les effets.

C'était le greffe général où étaient déposés les effets que la recherche la plus rigoureuse enlevait alors aux malheureux Français. C'était là que les dernières ressources étaient ravies. A peine étions-nous arrivés à l'île de Léon, que ces mots terribles circulèrent de bouche en bouche: *Nous allons être ensevelis dans les pontons.*

Nous voilà donc sur des pontons! ils n'étaient pas même pourvus des objets de première nécessité; hamacs, couvertures, tout manquait. L'hiver fut très pluvieux, la fraîcheur des nuits augmentait nos souffrances. Lorsqu'il pleuvait, l'eau filtrait dans l'entre-pont: nous étions alors réduits à coucher sur des planches. Depuis le 20 décembre jusqu'au 22, la nourriture des officiers fut bornée à une livre de pain, une demi-livre de viande, et une bouteille de vin pour chacun. Mais dès le 23, les vivres devinrent plus abondants. La rareté de l'eau était seulement pour nous d'une grande incommodité.

Notre situation n'était cependant rien en comparaison de celle de nos soldats, réduits à la plus modique ration, en proie à des maux dont l'idée fait frémir (1).

(1) Nous sommes 1800 hommes dans notre ponton, couchés comme des porcs, les uns sur les autres, tous sur les planches goudronnées.

Les huit pontons où sont les sous-officiers et soldats, bien qu'il n'y ait que quinze jours que nous sommes arrivés, sont remplis de malades. Tous les jours il en meurt sans secours. Les Espagnols ne viennent pa

Nous remarquâmes pourtant que depuis le 18 janvier, les vivres furent plus régulièrement portés à bord des pontons de nos soldats (1); car, sans vouloir communiquer avec eux, les Espagnols étaient convenus de signaux pour qu'ils pussent réclamer.

chercher les malades et encore moins les morts que nous sommes obligés de jeter à la mer. Tous les jours la mer pousse sur le rivage ces pauvres victimes. Une barque uniquement employée à ramasser les morts sur le sable passe près de nos pontons; les bateliers tiennent ces malheureux attachés par le cou avec une corde.

Ceux qui nous apportent des vivres les transbordent dans une chaloupe contre notre ponton et s'éloignent. Des soldats descendent ensuite dans la chaloupe et montent à bord les vivres qui consistent en pain extrêmement mauvais, fèves pourries et un peu de mauvaise huile. Voilà ce qui nous a servi d'aliments à tous pendant troismois. (*Extrait du journal d'un sergent-major*, publié par le *Monde illustré*, 1867.)

(1) Ce n'était pas si régulier, si on en juge par ce nouvel extrait :

« On suspend en haut d'un mât soit un tonneau soit une marmite, en signe de disette d'eau ou de légumes; mais on ne nous en apporte pas plus vite pour cela.

» Voici le journal des privations endurées à bord pendant le premier trimestre 1809:

» 2 janvier 1809, pas de vivres, — 4, sans légumes. — 5, sans pain. — 6, le pain à 4 heures après-midi. — 7, sans eau. — 8, sans légumes. — 12, sans pain. — 14, sans légumes. — 16, sans bois. — 17, sans légumes. — 20, sans légumes. — 22, sans pain. —23, le pain à midi. — 26, sans légumes et sans bois. — 28, sans eau. — 29, sans légumes.

» 3 février 1809, sans pain et sans eau. — 4, sans pain. De l'eau à 3 heures après-midi. — 8, sans légumes. — 11, sans eau. — 14, sans pain. — 17, sans pain. — 18, sans eau. — 21, sans légumes. — 22, sans pain. — 25, sans eau. — 27, sans pain. — 28, sans pain.

» 2 mars 1809, sans eau. — 5, sans pain. —6, sans pain jusqu'au soir. — 8, sans bois. — 9, sans eau. — 12, sans bois. — 13, sans pain. — 16, sans pain et sans eau. — 19, sans pain. — 21, sans bois. — 25, sans pain et sans eau. — 26, sans pain. — 27, sans pain. »

Lorsqu'il leur manquerait du pain, du sel, des légumes, de l'huile pour l'assaisonnement des légumes, ainsi que du bois, on devait hisser la marmite à un palan mis exprès le long de chaque ponton, et pour le manque d'eau, un tonneau.

Nous eussions tout donné pour nous procurer en abondance de l'eau, qui nous était délivrée avec beaucoup de parcimonie; elle devint même tellement rare que nos hommes épuisés par la maladie demandaient encore de l'eau en rendant le dernier soupir. La vermine pullulait, il n'y avait aucun de nous qui n'en fût infecté; quelques-uns même ne purent supporter un tel excès de malheur. Le 9 février, un jeune officier de la cinquième légion, M. de C., dévoré par la vermine, se précipita dans la mer en disant: *Adieu, mes amis; je vais finir mon infortune* (1).

Les curieux qui venaient de Cadix se promener autour de nos pontons, loin d'être touchés de l'excès de nos maux, joignaient l'ironie à l'insensibilité, et nous disaient en espagnol: *Prenez patience, si on ne*

(1) Le 25 janvier, un sergent-major malade se voyant sans secours, s'est précipité dans la mer par désespoir.

Le 2 février, un autre malade, dans un moment de délire, se précipite pareillement dans la mer.

J'ai vu de malheureux soldats malades, n'ayant plus d'eau douce à bord et ne pouvant plus maîtriser la soif, se traîner péniblement sur le pont du bâtiment, puiser de l'eau à la mer et la boire. Cette eau faisait sur eux l'effet d'un vomitif et les mettait dans un tel état que toujours nous avions la douleur de les voir mourir quelques instants après.

Depuis le 2 janvier 1809 jusqu'au 28 mars, il est mort à notre bord 675 hommes; nous y étions entrés au nombre de 1800.

(Extrait du Journal d'un sergent-major.)

vous a pas fait mourir de faim et de soif, on viendra pendant la nuit mettre une chemise de soufre à votre bâtiment.

Les autorités espagnoles se déterminèrent, vers la fin de janvier 1809, à former un hôpital de cinquante lits sur une vieille frégate stationnée près de nos pontons; mais bientôt, reconnaissant l'insuffisance de ce bâtiment, ils destinèrent à ce service l'hôpital de la Aguada, situé à un quart de lieue de Cadix. Cet hôpital renfermait près de trois cents lits, mais il ne pouvait contenir tous les malades qui étaient entassés sur les pontons. On requit alors, dans les premiers jours de mars, un autre bâtiment dans lequel on dressa sept à huit cents lits.

Le 9 mars, nous passâmes sous la surveillance de la marine; depuis lors, le service de santé et celui des vivres se firent avec plus de régularité. Nous pouvions juger par nous-mêmes de l'exacte distribution des vivres destinés aux soldats de notre ponton: les officiers seuls étaient obligés de se fournir d'eau; le gouvernement avait décidé que les deux pecettes qu'il nous accordait devaient suffire à tous nos besoins; mais ce léger secours était loin de satisfaire l'avidité des fournisseurs. Il s'en fallait de beaucoup que ce bien-être fût général; il y avait ombre au tableau: le plus grand nombre de nos pauvres camarades, jetés pour ainsi dire nus sur les pontons, couchaient sur une natte de paille étendue sur le plancher et sans couvertures.

Dans les premiers jours de l'établissement des hôpitaux, le nombre des morts était si grand, que plusieurs barques ne pouvaient suffire à leur transport. On eut recours à un procédé nouveau, celui de les amarrer un à un à la barque et de les traîner à la dérive. Si une amarre venait à se casser, le flux nous renvoyait le cadavre d'un de nos camarades,et cette vue hideuse renouvelait nos douleurs.

Ce qui restait des soldats de la garde de Paris, avait eu la bonne fortune, en quittant San-Lucar, d'avoir le quartier Saint-Charles pour prison; au lieu d'être renfermés dans les pontons, on les en retira pour les y diriger. On les rangea sur trois lignes. Un habitant de l'île de Léon, qui faisait partie de l'escorte se promenait derrière les prisonniers, pendant qu'on en faisait l'appel. Le scélérat, sans avoir été provoqué en aucune manière, porta un coup de couteau par derrière à un grenadier, le blessa grièvement dans les reins et le fit tomber sur la place.

Le crime cependant resta impuni; puisque le misérable eut, huit jours après, l'audace de se présenter au quartier Saint-Charles pour reprendre son service.

Le 6 septembre 1809, après treize mois et demi de captivité, plusieurs embarcations vinrent chercher les officiers. Ceux qui avaient eu la précaution de soustraire quelques effets à la cupidité des Espagnols, les retirèrent de leurs cachettes; ils étaient loin de prévoir que leur prévoyance serait déjouée de nouveau. Ils furent envoyés à bord du ponton *la Urja Polonica* où on les fit monter un à un. On y procéda à l'enlèvement des objets qu'ils croyaient en sûreté. L'aide-de-camp du général Mondragon inscrivait sur un registre les effets enlevés avec toutes les apparences et la régularité d'une enquête judiciaire; et par un raffinement de perfidie, il protesta combien le général Mondragon était peiné d'employer une mesure si rigoureuse. On pouvait être assuré, disait-il, que plus tard on restituerait ce qui venait d'être enlevé aux prisonniers. La rigueur dont il usa envers quelques-uns de nos camarades qui ne possédaient pas la valeur de douze piastres, montant des économies faites sur leur nourriture depuis quatre à cinq mois (pour se procurer des chemises et quelques effets d'hiver, dont les Espagnols les avaient dépouillés), démontre qu'il avait moins l'intention de prévenir une évasion que de priver les prisonniers des dernières ressources.

Les officiers supérieurs, restés sur le ponton *la Vieille-Castille*, furent plus heureux que nous, soit que l'aide-de-camp eût été satisfait de l'abondante récolte qu'il venait de faire, soit qu'il fût intimidé par la fermeté d'un chef de bataillon, qui préféra briser à ses pieds une montre à répétition que d'en faire la remise. Il se retira, et le lendemain les officiers retournèrent à leur ponton.

Cependant les Espagnols environnaient Cadix de tous les moyens de défense.

Notre position ne pouvait qu'empirer par l'oubli cruel auquel nous devions nous attendre en cas d'attaque. Tout prenait une attitude militaire ; l'air sombre de nos pourvoyeurs contribuait à raffermir nos pressentiments sur l'entrée des Français en Andalousie.

Les plaintes adressées au général Mondragon par les officiers dévalisés, étaient restées sans réponse.

L'approche de l'hiver rendait indispensable la restitution des effets enlevés. La détresse de notre position me faisait redouter cette époque. Je fus transféré sur la frégate *le Lièvre*, qui servait de ponton d'hôpital, et sur laquelle on avait placé les Français malades restés à terre.

La prudence exigea que tous les malades fussent transportés sur les pontons. Cette opération se fit le 10 juillet; sans ménagement pour l'état des malades, on les jeta sur une vieille frégate, sans avoir pourvu aux objets de première nécessité. Point de vivres, point de lits, nulles ressources; aussi la moitié de ceux qui furent évacués les premiers sur la frégate périrent-ils d'abandon.

Je faisais partie de ce premier convoi. En proie aux réflexions les plus sinistres, exposé aux injures de l'air sur un bâtiment tout délabré, je remerciais la Providence de m'avoir fait résister à de si rudes assauts.

Du 10 février jusqu'au 12 inclusivement, nous n'eûmes, pour soutenir notre existence si affaiblie, que la ressource d'un peu d'eau. Le quatrième jour, une livre et demie de pain nous fut distribuée pour trois, et le cinquième jour nous reçûmes une ration complète. Pendant ces trois jours, la mort planait sur nous; plus de la moitié de nos camarades tombaient. Les malades restaient sans aucun secours. Trente paillasses pour deux cents hommes, tels étaient les allégements que l'autorité espagnole accordait à nos cris.

Un événement bien remarquable vint relever nos espérances. Il existait sur les pontons des hommes aguerris, et animés de cet esprit d'indépendance qui fait tout affronter pour la liberté. A leur tête se trouvait le capitaine Grivel, des marins de la garde. Il ne lui fut pas difficile de trouver une vingtaine d'officiers qui s'engagèrent à le suivre lorsqu'il jugerait l'occasion propice. Ce jour désiré se présenta; c'était le 22 février. Je laisse le capitaine Grivel raconter lui-même une action dont la part la plus glorieuse lui est dévolue.

" Le bateau de l'eau venait d'accoster. Il était placé à bas-bord du ponton, et s'apprêtait à débarquer ses barriques. Le vent venait de prendre à l'est en forte brise, toutes les circonstances semblaient favorables. Mais il y avait des chances terribles. Avant d'aborder le ponton, le bateau abaissait sa voile et défaisait toutes les cordes qui servaient à le manœuvrer. Il fallait regréer cette voile avant de songer à s'en servir, et cette opération devait s'exécuter sous le feu de la garnison du ponton, de celui de quatre canonnières qui le flanquaient, et enfin de celui des vaisseaux anglais mouillés à une longueur de câble; de plus, il fallait parcourir un trajet de cinq à six milles, passant à portée de pistolet de plusieurs bâtiments de guerre, et enfin aborder à la côte en dépit de toutes les embarcations qu'on ne manquerait pas de détacher à la poursuite des fugitifs.

Malgré ces graves inconvénients, M. Grivel ayant annoncé sa résolution à ses camarades par des signes convenus, plusieurs descendirent dans le bateau comme pour aider à l'embarquement des pièces à l'eau, d'autres sous le prétexte d'acheter du tabac et des menues denrées; le reste se tint aux sabords prêt à s'élancer au premier ordre.

Dès que le capitaine parut à l'échelle du ponton, il fit un signe, et on sauta sur les marins espagnols, qu'on laissa se jeter à la mer et gagner les bâtiments à proximité. On chercha en même temps à regréer la voile; mais au moment où l'on allait passer l'écoute dans la cosse du pont, le matelot qui la tenait fut atteint de plusieurs balles; car le feu du ponton était déjà établi, et les canonnières fusillaient aussi avec beaucoup de vivacité. Ce marin de la garde, nommé Francisque, tomba roide mort; alors la voile s'échappa de ses mains, et emporta dans son mouvement M. Belleguise, élève de marine, qui s'efforçait de la retenir. Cet intrépide jeune homme ne lâcha point prise, et ramené dans le bateau par un mouvement d'oscillation contraire à celui qui l'avait emporté, il donna à ses compagnons le moyen de saisir la voile et de frapper enfin l'écoute.

Cependant on avait largué les amarres et cherché à pousser au large; mais le bateau, dérivant dans le sens de la longueur du ponton, était parvenu à son arrière, et son unique mât frappait à chaque instant contre la poupe du vaisseau, au risque imminent de se briser. D'un autre côté, une foule de personnes qui n'étaient point préparées à une évasion avaient sauté dans le bateau au premier moment, et le désordre qu'elles occasionnaient contrariait cruellement la manœuvre. Heureusement, comme elles ne comprenaient point pourquoi l'on ne faisait pas route sur-le-champ, et comme elles entendaient siffler les balles autour d'elles, elles remontèrent, pour la plupart, sur le ponton. Le bateau parvint à s'éloigner de celui-ci quelques minutes après leur retraite.

Son départ eut lieu à dix heures trois quarts. Il se jeta, dès qu'il le put, parmi les bâtiments marchands dont l'interposition lui sauva plusieurs volées, et qui le saluèrent presque tous d'un hourra général. Il fit ensuite route pour Rota aussi franchement que le lui permettait sa voile mal installée. Une foule de péniches s'étaient mises à sa poursuite et le canonnaient vigoureusement. En outre de ces embarcations et des vaisseaux sous la volée desquels il fallait passer,il tomba plus tard dans un convoi qui entrait dans la baie, et qui était escorté par quatre goëlettes de guerre. Il se dirigea sur l'une d'elles, qui manœuvra pour l'éviter, mais qui, le reconnaissant enfin, voulut tirer dessus, mais n'en eut pas le temps : seulement un matelot furieux lança une bûche qui atteignit et blessa un des passagers.

Enfin, trois quarts d'heure après son départ, le bateau prit terre un peu au nord du fort Sainte-Catherine; tout le monde débarqua heureusement. On vit du ponton les Français embrasser leurs compatriotes que la canonnade avait attirés sur le rivage. „

Un officier, qui n'avait pas eu le temps de sauter dans la barque au moment de son évasion, désespéré de la voir prendre le large, se précipita dans la mer pour la rejoindre, au risque de périr dans les flots ou de la main des Espagnols; une corde lui fut jetée aussitôt, et il eut le bonheur de se réunir à ses camarades. Le gouvernement espagnol, furieux d'un enlèvement aussi plein d'audace, n'en put tirer d'autre vengeance que de condamner les officiers prisonniers à payer le prix de la barque, qu'ils évaluèrent à soixante-quatre mille réaux, suivant leur bon plaisir : on retint cette somme sur les frais de notre nourriture.

Le 14 février, don Raphaël Muestro, qui avait succédé au général Mondragon dans la police des prisonniers, publia à Cadix un ordre qui ne nous fut signifié à notre ponton que le 25 au soir ; en voici la teneur :

" Les désertions réitérées des prisonniers français exigent qu'on prenne des mesures sérieuses et actives pour les arrêter. Il n'a pas suffi, pour les punir, de les mettre aux fers et de leur retrancher leurs rations. Quoique cette nature de délit en un prisonnier soit punie de mort, la bénignité et la grandeur d'âme de la nation espagnole s'opposent à des mesures aussi violentes ; cependant, ce délit se multipliant tous les jours, il est important de l'arrêter.

„ A cet effet, j'ordonne que tout prisonnier sans distinction de classe et de rang qui se jettera à la mer s'exposera à ce qu'on tire sur lui des coups de fusils chargés à balle ; que tout soldat ou marin repris, il lui soit appliqué la peine d'être passé aux verges six fois le tour extérieur du vaisseau auquel il appartiendra ; et s'il y a récidive, que j'étendrai la punition jusqu'à la mort, suivant les circonstances du fait.

„ Si le coupable est officier, il sera puni de six mois de fers, et mis à la ration des soldats ; mais s'il y a récidive, il sera en tout sujet à la peine prescrite pour ces derniers.

„ Le commandant de l'*Aportadero*, chargé de la surveillance des prisonniers, sera prévenu de cet ordre, dont il enverra l'original aux pontons, et le communiquera bien clairement et à intelligible voix à tous les Français prisonniers, les assurant que cet ordre sera inviolablement exécuté, et les préviendra que, malgré que les lois de la guerre veuillent formellement que tout prisonnier qui déserte subisse la peine de mort, le gouvernement espagnol veut bien cependant la modifier, pour faire preuve de son humanité et de sa considération envers les hommes. „

Le 25, vers les dix heures du soir, quelques officiers et soldats, exaspérés de tant de cruautés, tentèrent de gagner à la nage le rivage occupé par les Français. Le trajet était considérable, la mer orageuse ; cependant ils eurent le bonheur d'y parvenir.

Il s'éleva une tempête si furieuse, le 7 mars, que vingt bâtiments marchands, trois vaisseaux de guerre espagnols, un vaisseau portugais de 74 et un brick anglais se jetèrent à la côte occupée par les Français. Le brick anglais se perdit corps et biens. Il est impossible de se faire une idée du spectacle que ce nouveau fléau vint apporter à notre bord, parmi tant de malheureux entassés dans un si petit espace. L'élément qui, dans toute autre circonstance, servait le plus nos moyens d'évasion, y mettait obstacle par sa fureur même. Pendant les cinq jours que dura la tempête, les Espagnols nous abandonnèrent aux horreurs de la faim, de la soif, de la douleur et du désespoir, qui furent aussi le partage des autres pontons. Sur le ponton *le Sou-*

verain, qui renfermait le plus de prisonniers, on peut évaluer de quinze à vingt par jour le nombre des morts, auxquels il faut joindre vingt-cinq prisonniers qui préférèrent s'engloutir dans les flots à l'alternative de mourir de faim. Le nombre total des morts sur les pontons peut être porté de onze à douze cents individus.

Notre position était si affreuse qu'elle porta un matelot nègre à braver la tempête et la mort pour secourir ses camarades. Il se jeta à la mer et parvint avec les plus grands efforts à bord de l'amiral anglais, qui donna aussitôt l'ordre à tous les commandants des vaisseaux de sa flotte d'envoyer des vivres à bord de chaque ponton. Nous dûmes au généreux dévouement d'un de nos camarades et à la pitié de nos ennemis ces secours qui devaient nous rendre à la vie. Ils furent cependant pernicieux à quelques-uns d'entre nous qui ne surent point réprimer les premiers élans de leur avidité. A la suite d'une si longue disette, le ferment de maladies cruelles se développa ; on fut obligé d'augmenter le nombre des hôpitaux flottants. Deux vaisseaux furent destinés à cet usage. Le septième jour de notre disette, lorsque les Espagnols nous apportèrent nos vivres, je leur fis remarquer combien le pain était dur, moisi et de mauvaise qualité ; mais ils ne me répondirent que ces mots : *Es bastante bueno per los peros de Frances.* (C'est assez bon pour les chiens de Français).

Nous commencions à respirer, lorsque don Raphaël Muestro nous fit part d'une partie de la décision du gouvernement espagnol, en date du 10 mars, et conçue en ces termes :

" Le secrétaire d'état et du bureau de la marine, par ordre du gouvernement supérieur de la nation, en date du......... ordonne entre autres choses ce qui suit:

„ Que l'on redoublera particulièrement la vigilance qui doit être observée dans la garde des prisonniers, sous la responsabilité de ceux qui y sont employés; que dans chacun des pontons on affichera un édit par lequel on fera savoir aux prisonniers qu'afin d'éviter leur fuite, pour chacun de ceux que l'on saura s'être sauvés, on en pendra irrémissiblement deux de ceux restant sur le ponton, outre le fugitif s'il est repris.

Pour copie conforme,
Signé : le commandant des prisonniers,
DON RAPHAEL MUESTRO,
Capitaine de vaisseau.

Réponse des Officiers français à l'ordre ci-dessus, adressée aux agents du gouvernement supérieur.

" Nous ne pouvons trouver d'expressions, Messieurs, pour vous peindre notre étonnement à l'ordre que vous nous faites l'honneur de nous adresser. Nous avons été obligés de le lire à plusieurs reprises pour pouvoir nous persuader qu'il fût possible que des hommes appartenant à une nation civilisée pussent faire des menaces aussi barbares que celles contenues dans ledit ordre, et surtout les adresser à des officiers. C'est un oubli de toute convenance et de tout sentiment d'humanité auxquels nous n'étions pas préparés, même par les mauvais traitements et les humiliations sans nombre dont la nation espagnole nous a abreuvés jusqu'à ce jour.

„ Vous nous rendez responsables, Messieurs, du départ de nos camarades. Ce ne sont plus ceux auxquels est confiée la garde des prisonniers qui doivent en répondre, ce sont les prisonniers eux-mêmes qui se doivent garder sous peine *d'être pendus*. Quel renversement dans tous les principes reçus jusqu'à ce jour chez les peuples policés ! Est-ce ainsi que l'on parle à des militaires qui ne sont prisonniers que par la violation du droit des gens ? (C'est un fait qui ne peut être ignoré de Monsieur le président qui commandait l'armée espagnole lors de notre reddition.) Quelle nation peut offrir l'exemple d'une pareille injustice ? Ces peuples que vous nommez barbares parce qu'ils ne font pas de prisonniers, mais bien des esclaves, ne se sont jamais vengés sur ceux restant entre leurs mains, de la fuite de ceux confiés à leur surveillance.

„ Depuis quand a-t-on pensé que l'attachement à la vie nous rendrait assez vils pour devenir nos propres dénonciateurs ? Vous avez sans doute oublié que vous parlez à des militaires qui, dans plus d'une circonstance, ont prouvé qu'ils ne craignaient pas la mort, et s'il s'en trouvait parmi nous qui manquassent d'expérience dans le métier des armes, et n'eussent pas acquis l'habitude de l'envisager de sang-froid dans les combats, ils ont eu le temps, depuis qu'ils sont entre vos mains, de se familiariser avec une image dont vous leur mettez à chaque instant le tableau devant les yeux.

„ Messieurs, vous connaissez bien peu le caractère de notre nation, si vous n'avez pas prévu que des mesures aussi avilissantes, loin de diminuer en nous le désir de vous fuir, doivent ajouter, au contraire, à celui que nous éprouvons de rejoindre nos frères d'armes, celui plus puissant, s'il est possible, de nous éloigner d'un peuple capable d'exercer des cruautés aussi inouïes.

„ Vous voulez, Messieurs, nous n'en pouvons douter, nous réduire au désespoir ; mais nous jurons que, quel que soit le sort que vous nous réservez, nous le subirons avec la noblesse qui convient à la grande nation à laquelle nous avons l'honneur d'appartenir.

„ Nous préférons la mort à l'ignominie, et nous la subirons, quand il en sera temps, de manière à laisser après nous un exemple de courage et de sang-froid comme vous en laissez un d'injustice et de cruauté.

„ Nous avons l'honneur d'être,

" LES OFFICIERS FRANÇAIS. „

Le 12 avril, je fus transféré sur le ponton des officiers, la *Vieille Castille.* Le 21 avril, sur les deux heures du matin, nous fûmes réveillés par une canonnade très vive. Un mouvement de curiosité nous fit accourir sur le pont : que nous fûmes agréablement surpris, lorsque nous vîmes les batteries françaises vomir un torrent de projectiles sur le fort Matagorda ! elles tiraient à boulets rouges sur le vaisseau stationné devant elles depuis le 5 février dernier. Il n'eut que le temps de couper ses câbles et de s'éloigner; il vint mouiller en grande rade à peu de distance de notre ponton. Il fut si maltraité, qu'il lui fut urgent de boucher les voies d'eau que le feu de nos batteries lui avait faites. Le fort Matagorda faisait la plus grande résistance. Le feu cessa vers les trois heures; le lendemain 22, à cinq heures du matin, nos batteries recommencèrent l'attaque qui fut si violente, que nous apercevions de notre ponton les pierres qu'elles faisaient voler en éclats. Le feu des Anglais qui défendaient le fort se ralentit à une heure après midi; le nôtre avait démonté presque toutes leurs pièces. Il n'y en avait que trois au plus qui pussent faire le service. Ils se virent obligés d'évacuer le fort Matagorda, non faute de provisions, car ils en recevaient une grande quantité par mer. Ils perdirent près de quatre-vingts hommes parmi lesquels se trouvait le major commandant de la forteresse, et dont le corps couvert d'un drap noir fut transporté sous nos yeux à bord de l'amiral.

L'évacuation de ce fort fut un sujet de douleur pour les Espagnols, qui, dans leur fureur, en attribuaient la perte aux Anglais. Mais il faut rendre justice à ces derniers; il n'était pas possible de se défendre avec plus de bravoure.

Si la prise de Matagorda nous causa une joie bien vive, d'un autre côté, elle nous jeta dans de grandes inquiétudes. Nos compatriotes étant maîtres de ce point, les barques espagnoles devaient éprouver une grande difficulté pour se rendre à l'île de Léon et y faire de l'eau, se trouvant sous le feu ennemi. Notre approvisionnement d'eau devait en souffrir puisqu'il n'y avait pas d'autre moyen de s'en procurer; notre situation, sous ce rapport, aurait été très critique. Si de plus les Français venaient, en cheminant toujours, à élever des ouvrages qui les missent à même de lancer des bombes sur cette ville ou sur la rade, n'avions-nous pas à craindre que les Espagnols ne vinssent encore une fois se mettre le long de nos pontons, comme le firent peu de temps auparavant quelques chaloupes canonnières, dans l'espoir sans doute que les Français ralentiraient leur feu pour ne pas nous couler à fond?

Nous avions atteint le plus haut période de l'infortune. Des traitements inouïs, des souffrances continuelles avaient tellement diminué notre nombre, que sur mille huit cents hommes (1) dispersés sur différents points lors de la capitulation de Baylen, il n'en restait pas huit cents, en comprenant nos malheureux compatriotes conduits à Cabréra.

Je touche enfin à un événement qui doit être pour moi, ainsi que pour beaucoup de mes compagnons d'infortune, une des époques les plus mémorables de notre vie. Dès le 2 mai, nous commençâmes à ébaucher le plan concerté pour notre évasion. Il y avait à bord une douzaine de marins et huit officiers de marine; l'honneur de diriger l'entreprise leur était réservé.

Dans toute autre circonstance, le projet aurait été justement taxé de folie; il n'était rien moins que d'enlever le ponton même. L'objet le plus essentiel à notre dessein était de fabriquer une voile pour faciliter la dérive et la marche du ponton, après avoir coupé les câbles qui l'amarraient. En moins d'une demi-heure, tout ce qui pouvait servir à la confection de cette voile fut mis en œuvre, et descendu à fond de cale où des hommes entendus commencèrent ce pénible travail. Leur ardeur était telle, que la voile fut commencée et terminée le jour même ; pour la soustraire aux regards vigilants du sergent espagnol commandant le ponton et des soldats de la garde, elle fut cachée au fond d'une des grandes tonnes d'eau que l'on confondit ensuite avec celles que l'on tenait en réserve depuis la disette d'eau que nous avions éprouvée.

(1) L'auteur parle évidemment ici des officiers de tous grades

Les directeurs de tout le plan d'évasion n'avaient pas encore trouvé le temps favorable pour l'exécuter. Dans cet intervalle qui nous parut un siècle, quelles inquiétudes! Le moindre indice pouvait dévoiler notre projet: c'est ce qui ne manqua pas d'arriver. Quoique l'opération de la voile eût été faite le plus secrètement possible, le sergent espagnol en eut vent; il apprit qu'elle était cachée à fond de cale; il se contenta de donner l'ordre de la détruire. On ne pouvait agir avec plus de modération; nous en fûmes quittes pour reprendre chacun notre hamac. La découverte de notre dessein devint l'objet des murmures des prisonniers du ponton. D'une part on s'accusait de pusillanimité et d'indifférence, de l'autre, d'imprudence et d'une funeste présomption.

Cependant, pour le bonheur commun, les premiers qui avaient connu le plan d'évasion n'avaient jamais abandonné l'idée d'en renouveler l'exécution au premier moment, mais ils avaient bien senti que sans la plus grande discrétion, ils ne pourraient jamais y parvenir. Aussi, à l'exception de très peu de nous, qui tenaient pour ainsi dire les fils du complot, personne du bord n'y avait été initié. Tout signe qui pouvait servir à faire naître le moindre soupçon du projet était sévèrement interdit.

Quelques officiers de marine prirent sur eux les difficultés de l'entreprise, de concert avec quelques officiers de terre, à toute épreuve. Il fut convenu que lorsque le vent et la marée seraient favorables, les officiers de terre couperaient les câbles. Le jour propice arriva le 15 mai 1810. Sur les huit heures du soir, un bruit soudain se fait entendre: “ on coupe les câbles! „ murmure-t-on de toutes parts.

Ce murmure inattendu est le signal de la confusion et de l'épouvante. Les uns voient avec effroi les dangers de l'entreprise; les autres, emportés par leur courage, n'entrevoient qu'une glorieuse délivrance. Il faut désarmer, sans coup férir, la garde du vaisseau; et ne point donner l'éveil à la canonnière de service, avant que les câbles ne soient coupés. Les mesures sont si bien prises, que les deux sentinelles de garde sur le pont n'ont aucun soupçon. Les hommes de service, conduits par le sergent espagnol, sont à peine descendus dans la batterie de trente-six, que les Français s'élancent sur eux, sans leur donner le temps de se reconnaître, les désarment, non sans résistance, et les descendent à fond de cale. Cette première lutte se termine à notre avantage.

Nous craignions que quelque coup de fusil ne donnât l'éveil à la canonnière et à la gabarre de service; ce malheur n'arrive pas, autrement nous sommes perdus. Le plus difficile reste encore à faire, c'est de désarmer les deux sentinelles en faction sur le pont. C'est l'affaire de plusieurs officiers robustes; ils feignent de prendre l'air sur le pont à la nuit tombante, et tout en se promenant et liant conversation avec les deux soldats espagnols, ils s'élancent sur eux à un signal convenu, les désarment, et leur font rejoindre leurs camarades à fond de cale. Deux officiers français, à qui la langue espagnole est familière, se saisissent de leurs fusils, et se postent en sentinelle pour répondre aux cris des rondes qui passent le long des pontons.

Toute cette expédition exigea beaucoup de temps. Une scie dont on s'était emparé dans le commencement de l'action fut, dans le tumulte, jetée à la mer par un officier supérieur (1) qui ne pût se soustraire qu'avec peine, et à la faveur de la nuit, à l'effet de l'indignation de ses camarades. Le défaut de cet instrument mit beaucoup de retard dans notre opération, qui cependant se continua. Chacun n'ayant plus d'autre alternative qu'une mort ignominieuse ou la liberté, mit la main à l'œuvre. Pendant que l'on coupait les câbles, on s'occupait à démarrer la barre du gouvernail, et à monter dans les batteries et sur les ponts les boulets et les gueuses, ou pièces de fer fondu qui servaient de lest au ponton. En peu de temps tout fut en ordre. Les sabords étaient fermés et gardés pour éviter l'abordage; on travaillait à fond de cale à dépasser les bouts de câble pour établir une espèce de radeau, que les marins appellent va-et-vient. Nous possédions quinze fusils et près de mille cartouches, enlevés sur les hommes de garde ; avec ce peu de mu-

(1) Cet officier supérieur était du nombre des opposants sur lesquels Blaze dan ses *Mémoires d'un Apothicaire*, donne des détails fort curieux. Selon lui, tous les officiers ventrus, ne sachant pas nager et assez adroits pour avoir conservé de l'argent, ne se souciaient pas de risquer leu vie dans une tentative aussi périlleuse. L'un d'eux eut même l'infamie de révéler le complot aux Espagnols; il fut découvert et flétri comme il le méritait. Un autre de ces mauvais Français eut l'impudence de se présenter à l'Empereur lors de son retour à Paris et de se faire récompenser comme ayant dirigé le mouvement auquel il s'était opposé.

nitions et les boulets que l'on avait distribués dans les batteries et sur le pont, nous étions bien résolus de nous défendre en cas d'abordage.

Ces préparatifs achevés, le ponton se mit en route à l'aide d'une forte brise, et d'une haute marée. En peu de temps nous fûmes loin de la gabarre et de la canonnière de garde, et des vaisseaux anglais et espagnols dont notre ponton était ordinairement entouré.

Dans ce premier instant, si décisif pour nous, nous craignîmes que la canonnière et la gabarre, armées de huit à dix pièces de canon, ne se missent à notre poursuite. Il leur était aisé de manœuvrer en rade. Il n'en fut rien. Trois barques anglaises seulement voulurent s'opposer à notre marche. Deux d'entre elles restèrent en observation; la troisième s'approcha de nous, en tirant des coups de fusils, auxquels nous ripostâmes. L'officier qui la commandait nous criait: " *Messieurs les Français, ne tirez pas; rendez „ vous, on ne vous fera aucun mal.* „ Et tout en parlementant ainsi, il s'approchait de notre bord, sans discontinuer sa fusillade. Les officiers et soldats qui étaient sur le pont commencèrent à lancer des gueuses et des boulets sur cette barque, favorisés par la position élevée du ponton, si peu lesté qu'il s'élevait à environ vingt-cinq pieds au-dessus du niveau de l'eau. Un amas de projectiles du poids de cinquante livres, jeté de si haut, par des hommes décidés à mourir plutôt que de se rendre, dut nécessairement estropier des Anglais qui se trouvaient sous leur volée. Des cris plaintifs nous annoncèrent bientôt que plusieurs d'entre eux étaient blessés.

Les Anglais, voyant notre résistance et l'inutilité de leurs efforts, prirent le parti de gagner le large. Nous eûmes la douleur de perdre dans cette action M. Moreau, lieutenant de vaisseau, qui, en sa qualité de plus ancien des officiers de marine, avait pris le commandement des manœuvres.

La brise assez forte qui s'était élevée pendant que l'on coupait les câbles, opération qui fut retardée par le défaut de la scie, cessa entièrement, et nous laissa à la merci de la marée qui, n'étant pas assez vive pour nous porter hors du canal, nous fit craindre que le courant n'entraînât le ponton sous le feu du fort Puntales, occupé par les Espagnols. Ce contre-temps jeta un moment la consternation parmi nous; mais la prévoyance et l'activité des officiers de marine dissipèrent au même instant toutes nos alarmes. Ils firent aussitôt monter sur le pont quelques couvertures et des hamacs qu'ils attachèrent de manière que le faible vent qu'il faisait alors pût enfler les couvertures, et nous faciliter le moyen de sortir du canal. Cette inspiration fut secondée par le retour du vent, qui devint aussi largue qu'au moment de notre départ de la grande rade. Vers les onze heures du soir, le 15 mai 1810, nous eûmes le bonheur d'échouer sous la protection d'une nouvelle batterie que notre armée venait d'achever depuis peu de jours, et dans un lieu où l'ennemi ne pouvait nous inquiéter de trop près, sans courir lui-même le risque d'être coulé à fond.

Nous passâmes la nuit à construire un radeau, et à nous garder militairement, pour éviter toute surprise: Avec quelle impatience nous attendîmes le jour ! Nous le vîmes poindre à cinq heures et demie, mais c'était le moment du jusant. Le retard mis à couper les câbles, et l'inconstance du vent avaient singulièrement contrarié les opérations dirigées par les officiers de marine. Au lieu d'échouer à trois pieds d'eau, nous eûmes la douleur d'en trouver cinq et demi. Le vaisseau ne flottait plus, et nous touchions à marée *étalle*. La mer, d'ailleurs, était fort agitée et clapoteuse. Cette différence de profondeur, d'après notre erreur d'estime, fut, pour beaucoup d'entre nous, un grand sujet d'alarmes, car sur plus de sept cents personnes que renfermait le ponton, la moitié ne savait pas nager, et il y avait à bord vingt femmes et plusieurs enfants.

Le radeau qui devait servir de *va-et-vient*, au moyen de plusieurs piquets fichés en terre par des nageurs du ponton, et retenu par des câbles, étant venu à se disloquer dans son trajet à terre, cet accident fit passer ceux qui ne savaient pas nager, de l'espérance la plus douce au désespoir le plus cruel. L'embarras de notre position augmentait par le temps qui devait s'écouler jusqu'au changement de la marée. Chacun alors imaginait un moyen de se sauver, quel qu'il fût. Ceux qui savaient nager profitèrent de la marée basse pour se rendre à terre, tandis qu'il ne restait aux autres d'autre ressource que de se confier à la Providence. Les uns assemblaient des planches et des tonneaux, et se confiaient à cette frêle embarcation ; d'autres, plus téméraires ou plus pressés encore de se soustraire à l'esclavage, saisissaient des planches, et se laissaient aller à la dérive. Souvent le courant, ou le vent de terre, les entraînaient en pleine mer au lieu de les porter vers le rivage. Qu'on juge de leur désespoir! jouets des flots, ils étaient repoussés vers leurs plus cruels ennemis.

Cependant le danger était imminent; nous nous trouvions sous le feu du fort Puntales, des canonnières espagnoles, et de deux bombardes anglaises, sans pouvoir sortir de notre position. Le Grenet, adjudant-major de la 5e légion, allait exposer sa femme, sa fille et une jeune sœur de sa femme, sur des planches qu'il venait de clouer à deux tonneaux, lorsque le chef d'escadron Tourras, du 10e dragons qui s'était sauvé à la nage, aborda le ponton, vers les huit heures du matin, et vint ranimer nos esprits par ces paroles: “ Messieurs, rassurez-vous, ne vous jetez pas à la mer, M. le maréchal duc de Bellune a donné ordre de vous envoyer des barques, on les chargeait sur des voitures lorsque je partais du Fort-Royal. „

Cette heureuse nouvelle ramena la confiance, et cependant la canonnade fut beaucoup plus vive que le matin. Chacun attendait son salut avec impatience. Le chef d'escadron était resté peu de temps à bord. Notre attente ne fut pas vaine; une heure après son départ, nous vîmes une voiture attelée de huit chevaux se diriger sur le bord de la mer, et l'on mit à flot notre embarcation.

Il serait difficile de rendre les sensations que produisirent sur nous l'approche de cette barque, la vue des Français armés ; la joie agitait tous les cœurs; on l'exhalait par mille acclamations, c'était le délire de l'espoir réalisé. Un grand nombre de nageurs exercés, au nombre de six cents au moins, suivaient la barque; leur secours était essentiel pour accélérer le débarquement, qui s'opéra en commençant par les femmes et les enfants, généreux accord, cimenté d'une commune voix. Mais l'empressement que tous voulaient mettre à se soustraire à la pluie de bombes qui partaient des bâtiments ennemis, occasionna un grand désordre. Chacun se précipitant dans la barque, et essayant d'emporter le peu d'effets qui lui restaient, peu s'en fallut qu'elle ne chavirât sous le nombre. Une seconde embarcation vint heureusement mettre fin à cette confusion, qui pouvait devenir funeste.

Une heure après il en arriva deux autres. Enfin nous touchâmes tous la terre si désirée. Etourdis de notre délivrance, nous paraissions sortir d'un rêve; mais bientôt nos sens ranimés nous firent sentir toute l'étendue de notre bonheur. Nous étions dans les bras de nos libérateurs, de nos frères d'armes, qui se dépouillaient avec joie de leurs vêtements pour nous en revêtir!

Le débarquement se termina le 16 mai, à deux heures de l'après-midi, sous le feu du fort Puntales, des canonnieres et des bombardes anglaises, qui tiraient sur nous à toute volée. Mais nous étions sous la protection d'une batterie française, et quelques pièces d'artillerie légère placées sur la côte ripostaient à l'ennemi et amortissaient son feu. Qu'on se figure cinq à six cents personnes entassées, menacées par une pluie de bombes et de boulets qui, par un hasard heureux, passaient sur nos têtes. Dans un débarquement si long et si pénible, nous n'eûmes à déplorer la perte que de dix à douze personnes.

Le vaisseau *la Vieille-Castille,* séjour de douleurs accumulées sur les Français pendant dix-sept mois et quatre jours, fut livré aux flammes aux acclamations de l'armée.

RELATION D'UN OFFICIER (1)

Le 28 mars 1809, quatre cents officiers et quatre mille cinq cents sous-officiers et soldats prisonniers passèrent des pontons stationnés dans la baie de Cadix, à bord des transports qui étaient en rade.

Le 11 mai, à sept heures du soir, le convoi arriva à Cabréra, par un temps excessivement pluvieux. Une partie du convoi fut mise à terre malgré le mauvais temps, et le reste débarqua le lendemain.

Cabréra peut avoir à peu près cinq lieues de tour. Cette île est un amas de rochers très élevés, et n'offre aucune ressource. Elle était alors occupée par une garnison de quinze soldats espagnols rappelée à Palma quelques jours avant notre arrivée. Deux chaloupes canonnières vinrent la remplacer.

Avec le peu de vivres que l'on nous avait distribués, qu'on juge de notre situation. Le commandant des chaloupes canonnières nous avait précédés de quelques heures. Il avait fait transporter les tentes destinées aux officiers. Quelle fut notre surprise d'en voir débarquer tout au plus vingt-cinq pour

(1) Extrait du même ouvrage que la relation précédente.

quatre cents officiers et quatre mille cinq cents sous-officiers et soldats! On les distribua cependant aux plus élevés en grade. On nous laissa le choix de l'emplacement de cette nouvelle colonie, et il nous fut signifié que si nous manifestions le moindre signe de révolte ou de mécontentement, on nous ferait rentrer dans l'ordre à coups de canon. Nous nous le tînmes pour dit. Le plus grand nombre passa la nuit couché sur la terre, et le lendemain nous nous mîmes à construire des abris avec des broussailles et des branches de chênes verts qui croissent en petite quantité dans l'île. D'autres choisirent pour leur retraite des grottes, et des anfractuosités de rochers.

Le 12 au matin, nous étions dans l'anxiété la plus cruelle; le temps de la distribution des vivres était écoulé. Nous n'aperçûmes que vers midi les deux barques, et à une heure on nous fit la distribution.

Pour les officiers : un pain blanc du poids de vingt-quatre onces d'Espagne (une livre et demie de France), une demi-livre de viande, quelques légumes, une once de riz ou de vermicelle, une demi-once d'huile, une bouteille de vin, du café, du sucre et deux ou trois oranges.

Pour les soldats, un demi-pain de munition, deux onces de riz ou vermicelle, des garbanzos ou pois chiches (1), une demi-once d'huile et du sel.

Chacun manifestait ses craintes. On sentit alors la

(1) Dans les autres relations, on ne parle point du riz et il n'est question que de fèves; elles remplacèrent sans doute les *garbanzos* du premier jour.

nécessité de créer un tribunal de police destiné à veiller aux intérêts de tous. L'autorité fut confiée à des officiers estimés.

Le lendemain il fut arrêté que les capitaines commandants, au nombre de vingt et un, formeraient la première autorité, sous la dénomination de grand conseil, qu'une commission composée de cinq membres, pris parmi eux, formerait le petit conseil, auquel serait délégué le pouvoir exécutif.

On procéda ensuite à la nomination d'un commandant militaire dans l'île, ainsi qu'à celle d'un inspecteur de police chargé de l'exécution des ordres généraux et de la surveillance de ce que nous appelions *hôpital*, et qui n'était qu'un endroit affecté aux prisonniers malades. On s'arrangea de manière que, tous les jours, un officier et quarante hommes fussent disponibles pour veiller au bien-être et à la sûreté de tous.

Le 15 mai 1809, le commandant des canonnières nous communiqua les ordres de la junte de Palma, qui défendait expressément, et sous peine de mort aux prisonniers toujours en quarantaine de s'approcher des Espagnols lorsque les barques aux vivres aborderaient le rivage. Par suite de cet ordre, nous devions rester en arrière à une distance déterminée. En cas de contravention de notre part, on devait faire feu sur nous, et s'il survenait une émeute, les vivres devaient nous être retranchés. Pour ne pas nous exposer à l'effet de pareilles mesures, et en conséquence de l'avis du commandant des canonnières, les hommes journellement désignés pour la sûreté intérieure de l'île étaient chargés de faire éloigner les prisonniers lorsque les vivres arrivaient.

Tout en créant un règlement d'ordre et de police, on ne perdait point de vue l'établissement des cabanes et des abris en branches.

Nous éprouvions une grande disette d'eau. Notre seule ressource consistait en une fontaine qui tarissait en été, et dont le faible filet pouvait à peine désaltérer un si grand nombre d'hommes, ce qui obligea les surveillants à numéroter le tour de chacun. Il fallait bivouaquer près de la fontaine pour ne pas perdre son tour. Cette contrariété, jointe à celle du retard des vivres, augmenta le nombre des malades; et à peine avions-nous séjourné huit à dix jours à Cabréra, que 3 officiers et 87 sous-officiers et soldats étaient déjà morts.

Le grand conseil écrivit à la junte de Palma pour solliciter des médicaments et des secours pour nos malades: la junte ne fit aucune réponse. Comme la maladie provenait de la grande faiblesse occasionnée par la mauvaise qualité des vivres et par les privations, le grand conseil décida que les officiers retrancheraient sur leur vin une certaine quantité pour les malades. Cette proposition courut le risque de n'être pas agréée. Cependant, l'humanité, après une lutte assez longue avec l'égoïsme, l'emporta.

Nous avions en outre à combattre contre la température brûlante du climat sur un rocher aride. Les bains de mer étaient impérieusement commandés pour arrêter les progrès des maladies psoriques engendrées par la vermine et la malpropreté. Mais leur effet ne répondait pas toujours à notre attente. Enfin la privation de l'eau qui se faisait sentir tous les jours, obligea le grand conseil d'écrire une seconde fois à la junte pour lui demander pour toute grâce de l'eau douce et de la paille pour les malades. Mais la junte fut aussi insensible que la première fois; elle répondit sèchement qu'il n'y avait pas de paille, qu'à l'égard de l'eau les prisonniers n'avaient qu'à parcourir l'île, et qu'ils trouveraient ce qui leur manquait. Nous fouillâmes tous les recoins de l'île, et à la fin nous découvrîmes d'anciens puits encombrés pour ôter aux pirates la ressource d'y puiser; après les avoir dégagés, nous trouvâmes que l'eau en était si mauvaise et en si petite quantité qu'il fallait être réduit à la dernière extrémité pour en boire.

A la fin,cependant,la junte de Palma se détermina à nous envoyer douze moutons, quatre chèvres et une vache, avec la recommandation de ne tuer ces bestiaux que dans le cas où le mauvais temps retarderait l'arrivée des barques aux vivres.Le défaut de nourriture fit périr plusieurs de ces animaux, qui servirent à nourrir nos soldats.

La certitude d'être longtemps abandonnés, nous détermina à construire des baraques en pierre. On se mit à l'œuvre, et en peu de temps, on en vit s'élever huit qui furent occupées par les cantinières; et comme le Français, même au fort du malheur, imprime toujours à son caractère le cachet d'une ironique gaieté, ce quartier occupé par le beau sexe, fut appelé le Palais-Royal. Les femmes ont sur nous l'avantage de pouvoir sympathiser plus aisément avec nos semblables; aussi furent-elles bientôt en rapport avec les matelots espagnols. Leur crédit nous procura du vin qui ne leur revenait qu'à cinq sols la bouteille, et qu'ils ne se faisaient point conscience de nous vendre trente sols. Le prix exorbitant auquel les Espagnols avaient taxé le vin devait nécessairement soutirer entre leurs mains le peu d'argent que possédaient ceux qui avaient eu tant de peine à le soustraire aux fouilles avides ordonnées par les autorités espagnoles.

Jusqu'au 27 mai 1809, les vivres furent respectés, malgré les besoins extrêmes : mais dans la matinée du 28 mai, quelques soldats ivres n'eurent pas de peine à faire insurger deux mille soldats qui, trouvant dans un extrême besoin une sorte d'excuse, se mirent à piller le magasin. Les instigateurs de la révolte étant entrés les premiers, s'emparèrent à peu près de tout ce qu'il contenait, laissant à leurs camarades désabusés des regrets tardifs de leur désobéissance. Il fallut alors supporter patiemment une disette absolue. Les auteurs de ce désordre furent arrêtés et gardés à vue.

Mais il faut dire, à la louange de la grande majorité des prisonniers, qu'ils supportaient leurs malheurs avec une résignation peu commune.

Le 6 juin, une polacre escortée par un brick espagnol arriva à Cabréra, ayant à son bord cinq cents Français faits prisonniers en Catalogne. Après les avoir débarqués dans l'île, cette polacre prit en échange environ un tiers des officiers, qu'elle conduisit à Palma. Les officiers restés à Cabréra enviaient le sort de leurs camarades; mais leur départ, du moins, tendait à rendre probable la nouvelle annoncée depuis quelques jours de l'envoi prochain de tous les officiers aux îles de Majorque et de Minorque, et donnait à ceux qui étaient encore destinés à séjourner dans l'île, la consolation de pouvoir améliorer leur position. Mais le 15 juin, quatre compagnies de voltigeurs français, deux compagnies du régiment de la Vistule, deux de grenadiers et une centaine de soldats napolitains ou italiens, tous pris dans les environs de Barcelonne, arrivèrent à Cabréra. Le lendemain 16 juin, 170 officiers quittèrent l'île pour se rendre à Mahon, où ils arrivèrent le 18.

Dans le mois de juin, les maladies se multiplièrent à tel point que les soldats sollicitèrent de la junte de Palma la grâce de faire conduire dans les hôpitaux des îles Baléares leurs camarades malades qui mouraient faute de secours. Le résultat de cette démarche si pressante, fut l'envoi de quelques tentes délabrées.

La veille de la Toussaint, il survint à l'improviste un orage si violent, que presque toutes les tentes furent emportées par les torrents. Trente-quatre soldats, qui n'eurent point la force de se lever, furent entraînés à plus de cinquante toises du côté de la mer, dans un ravin où le lendemain on les trouva morts et à moitié couverts de sable. En moins de huit mois, le nombre des morts sous les tentes que l'on appelait *l'hôpital,* s'est élevé à quatre officiers et à sept cents sous-officiers et soldats, sans y comprendre le nombre de ceux qui ont péri dans des endroits écartés, et dont on cachait soigneusement la mort dans l'espoir de profiter de leurs rations.

Le 4 août 1809, une barque chargée d'eau et destinée pour l'hôpital fut surprise par des marins de la garde qui s'en emparèrent sans coup férir et arrivèrent heureusement à Barcelonne, après une traversée de trois jours.

Le 26 août, un brick espagnol, ayant à bord plusieurs recruteurs, vint mouiller à Cabréra. Ces recruteurs déterminèrent 74 soldats, bien excusables sans doute tant leur misère était affreuse, à prendre du service. Ces malheureux n'avaient que la peau sur les os. Ils étaient si exténués et si faibles que porter un fusil semblait être pour eux une fonction dont ils ne pourraient s'acquitter de longtemps.

Les 21, 22, 23 et 24 décembre, la barque aux vivres ayant été retardée, comme cela arrivait et devait arriver souvent, par des vents contraires, un nombre considérable de soldats, épuisés, expirèrent dans les tourments de la faim.

Le 14 février 1810, la contrariété des vents obligea encore la barque aux vivres de mouiller dans une petite baie. Cette barque était chargée de vivres pour six jours; plus de la moitié était déjà débarquée, lorsque des marins s'élancèrent dans la barque pour s'en emparer. L'affluence des prisonniers vers l'endroit où se trouvait la barque, et les cris de l'équipage espagnol, qu'une attaque aussi brusque avait effrayé, donnèrent l'éveil aux canonnières qui gardaient l'île: elles arriverent assez promptement pour secourir la barque que l'on projetait d'enlever.

Les prisonniers n'attendirent point l'approche des canonnières, ils se sauvèrent en toute hâte dans les montagnes: ils s'en sont bien trouvés; car à peine les canonnières furent-elles en mesure d'agir, qu'elles tirèrent plusieurs volées de canon.

Le 24 mars 1810, un de ces retards si fréquents occasionna une nouvelle disette, qui força les soldats à se nourrir d'une espèce de bulbe sauvage, découverte dans les fentes des rochers, et à laquelle ils avaient donné le nom de *pomme de terre de Cabréra.* Après en avoir pilé la racine, ils en composaient une espèce de pâte, qu'ils faisaient griller sur des charbons; mais comme le suc de cette plante avait une certaine âcreté corrosive, ils n'en mangeaient qu'à la dernière extrémité.

Le 25 mars, quelques Français, faits prisonniers dans les environs de Tarragone, vinrent augmenter le nombre des exilés. L'aspect de nos soldats était si effrayant, que les nouveaux venus reculaient d'épouvante.

Pendant quatre jours de pénurie, ils eurent tous les yeux fixés sur la mer. Aucune barque ne paraissait à l'horizon. Ils recoururent alors à la bulbe et aux racines sauvages. La faim et la soif devinrent des besoins si impérieux que, dans un quartier retiré de l'île, trente soldats furent sur le point de se partager en lambeaux le cadavre d'un des leurs, qui avait succombé. Un malheureux animal que l'on conservait avec soin jusqu'alors, tant il était utile pour porter de l'eau aux malades, un âne, enfin, fut substitué au cadavre d'un Français. Il fut condamné à servir d'holocauste, bien que ses débris fussent d'une faible ressource, partagés entre près de trois mille personnes, restes infortunés de cinq mille deux cents individus (1) débarqués dans cette île. Les cabanes des cantinières furent pillées, dans l'espoir d'y trouver des vivres. Plus faibles que les hommes, elles éprouvaient les mêmes privations, les mêmes besoins, les mêmes souffrances et les mêmes maux.

Comme l'espérance est la dernière ressource des malheureux, nos soldats avaient établi des vigies sur un rocher pour découvrir l'arrivée de la barque aux vivres, qui, dans l'hiver, ne venait que tous les quatre jours, lorsque les vents n'étaient pas contraires. A peine était-elle aperçue, comme un point à l'horizon, que sa vue était annoncée par des cris de joie qui ramenaient le calme dans les âmes.

Pendant l'été de 1809, l'eau du ruisseau devint si basse et si rare, qu'à la fin de juin, après le départ des officiers pour Palma et Mahon, il fallait attendre plus de vingt-quatre heures à la file les uns des autres pour s'en procurer, et le résultat de cette pénible attente ne donnait pas un plein verre d'eau.

Sur la demande du conseil de police, la junte de Palma envoya un aumônier espagnol à Cabréra, pour distribuer les secours de la religion aux malades, et pour les assister dans leurs derniers moments. La conduite de cet ecclésiastique ne paraît pas avoir pleinement justifié le choix de la junte.

Le 14 mars 1810, un matelot d'un des bateaux

(1) Sans compter les nouveaux venus.

des canonnières espagnoles se saisit d'un enfant, âgé de huit à neuf ans, appartenant à un sous-officier, et le jeta à la mer. Heureusement des prisonniers qui se trouvaient sur le rivage le retirèrent à l'instant.

Le 20 mai, un brick de l'escadre anglaise, qui était en croisière devant Toulon, arriva à Cabréra, ayant à bord quatre à cinq cents chemises, autant de vestes et de pantalons, que l'amiral anglais envoyait (1) pour être distribués. Le brick, porteur de ces effets, bien précieux dans la circonstance, partit de suite pour Palma, et revint deux jours après mouiller à Cabréra. Son retour fit présumer qu'il avait reçu la commission d'exercer une surveillance.

Dans les premiers jours de juin, tous les bruits qui circulaient s'accordaient en ce point, que nous partirions sous peu de jours pour l'Angleterre.

Le 11 juin 1810, le prêtre espagnol, aumônier de Cabréra, écrivit la lettre suivante aux prisonniers, qui y répondirent, comme on le verra postérieurement, avec tous les égards dus à son caractère.

MESSIEURS,

L'Eglise catholique ordonnant à tous ses enfants de se confesser au moins une fois l'an, et de recevoir humblement son Créateur pour la Pâque, tous les prison-

(1) Cette générosité pourrait sembler surprenante si elle n'était expliquée par un autre prisonnier (Wagré. V. p. 107). C'était un don de Madame Adélaïde d'Orléans, alors exilée à Palma, et non une munificence de l'amiral anglais. Longtemps après, c'était encore un prince d'Orléans, le prince de Joinville, qui devait offrir aux martyrs de Cabréra le second et dernier témoignage de sympathie.

niers qui se sont refusés à ce devoir sacré, ont renoncé par là au titre glorieux d'enfants de l'Eglise catholique, qui les rendait dignes de quelques regards favorables de Jésus-Christ, et de tous les soins de ses ministres. En conséquence, je me crois, non-seulement dispensé de tous ces soins, mais encore forcément obligé de rompre toute communication avec ces malheureux, jusqu'à ce que, rentrant en eux-mêmes, ils tâchent de se réconcilier avec la sainte Eglise, par une parfaite obéissance à ses commandements.

Cette lettre regardant tout le monde, je prie messieurs les membres du conseil, non-seulement d'en prendre connaissance pour eux-mêmes, mais aussi d'en faire part, par la voie de messieurs les chefs de corps, à tous les individus de chaque régiment, de quelque sexe, âge et condition qu'ils soient, afin que personne n'en puisse prétexter ignorance.

A Cabréra, le 11 juin 1810.

Signé Damien Estebrich, *prêtre, aumônier des Français.*

Voici la réponse des prisonniers :

Monsieur,

Nous avons vu avec une surprise pénible, dans votre lettre du 11 juin dernier, que vous voulez vous croire dispensé des soins que votre caractère et le choix de la junte suprême des îles Baléares vous imposent auprès des prisonniers français. Si la profonde misère dans laquelle la plupart sont réduits a pu apporter en eux quelque négligence à s'acquitter des devoirs de leur religion, nous osons penser que vous n'en êtes que plus obligé de leur prodiguer les soins, les exhortations et les consolations de votre ministère. Vous savez, Monsieur, ce que répondait notre divin Maître aux pharisiens : Ce ne sont pas ceux qui se portent bien qui ont besoin de médecin, mais ceux qui sont malades. *Misericordiam volo et non sacrificium* (SAINT MATHIEU, chap. 9).

Non, Monsieur, nous ne renonçons pas au titre glorieux d'enfants de l'Eglise catholique, et rien ne peut effacer en nous le caractère de chrétien que les eaux du baptême nous ont imprimé dès notre enfance. Ce sont les principes de cette sainte religion qui nous soutiennent dans le malheur, et ce sont les divins préceptes du fils de Dieu que nous désirons qu'on observe à notre égard. Peut-être sommes-nous un peu coupables dans l'omission dont vous nous accusez; mais nous nous confions toujours dans la miséricorde de notre Créateur.

Jésus-Christ n'a-t-il pas dit lui-même que les ouvriers qui étaient venus les derniers travailler a la vigne reçurent du père de famille la même rétribution que ceux qui étaient venus les premiers ? Et quelle plus belle occasion pour vous, Monsieur, d'exercer le zèle dont vous nous avez donné tant de preuves depuis votre arrivée à Cabréra, puisque nous lisons dans l'Ecriture Sainte qu'il y aura plus de joie dans le ciel pour un seul pécheur qui fait pénitence, que pour quatre-vingt-dix-neuf justes qui n'ont pas besoin de pénitence.

Nous voudrions de tout notre cœur, Monsieur, contribuer à remplir vos intentions ; mais les moyens nous manquent bien plus que le zèle ; et d'ailleurs la foi ne se commande pas. C'est à vous, Monsieur, qu'il est réservé de nous pénétrer des vérités touchantes de notre religion, et de nous fournir tous les secours spirituels dont nous avons besoin. Soyez toujours pour nous le bon pasteur dont nous parle l'Evangile, qui n'abandonne point son troupeau, qui va même chercher les brebis égarées qui ne sont pas dans sa bergerie, et qui les rend dociles à sa voix.

Nous avons l'honneur d'être, etc.

Le 17 juin 1810, une des deux canonnières de garde s'étant rendue à Palma, on conçut le projet d'enlever celle qui restait, et de profiter, pour mettre ce dessein à exécution, du moment où une partie de l'équipage serait à terre. Soixante officiers et soldats étaient disposés à tout entreprendre pour sortir de captivité. Dès que les matelots virent un grand nombre de Français s'approcher du rivage, ils coururent à leur bord, poussèrent la canonnière au large, et la disposèrent de manière à prouver aux prisonniers qu'ils étaient en mesure contre toute tentative.

En parcourant avec soin tous les détours de Cabréra, nous y avons trouvé des grottes dignes d'attirer l'attention. Il en existe une très remarquable à l'est de l'île, vis-à-vis de la petite île des Lapins. Des soldats la découvrirent en poursuivant une chèvre sauvage. L'escarpement qui y conduit est d'un accès si périlleux, que si le pied venait à manquer, on s'exposerait à une chute de deux cents pieds. Une ouverture de six pieds de large sur trois de hauteur, formée dans un rocher à pic par un accident naturel, donne entrée à cette grotte. Lorsqu'on a dépassé cette ouverture, on se trouve sur une petite plate-forme. On commence à distinguer sur la droite deux colonnes formées de stalactites, dont l'une est plus massive que l'autre

Les gouttes qui distillent du plafond tiennent en dissolution une substance calcaire qui, à la longue, s'attache au sol, s'y fige, et par une agglomération successive effectue des masses de pétrifications calcaires. A mesure que l'on pénètre dans cette grotte, on trouve sur la gauche une source d'eau d'une fraîcheur salutaire; mais le détour qu'il faut faire pour y parvenir est si rude, et l'eau filtre en si petite quantité, que sa découverte même ne peut compenser les dangers auxquels il faudrait s'exposer. Ce n'est que par un labyrinthe que l'on pénètre jusqu'au fond. Alors on se trouve dans une autre grotte beaucoup plus petite, et semblable à un sanctuaire. La grotte paraît avoir la structure d'un grand escalier tournant, décoré de pétrifications calcaires qui présentent des formes très variées et très curieuses. En frappant les murs intérieurs de cette grotte, on produit des sons qui donnent des effets assez singuliers et plus ou moins harmonieux, suivant la force de la percussion. Il existe encore d'autres grottes dont la description offre, à peu de chose près, les mêmes particularités.

Dans la matinée du 19 juin 1810, M. Frezier, officier au 24e régiment d'infanterie légère, voulut, avec plusieurs camarades, visiter une grotte à l'ouest de l'île. Malheureusement cet officier s'imagina de pousser une grosse pierre qui se trouvait sur son chemin ; la secousse qu'il occasionna fit détacher un quartier de rocher qui l'entraîna et le fit tomber sur le bord de la mer. Un quart d'heure après ce triste accident, il expira. Dans la même journée, un soldat qui avait mal attaché une corde à l'aide de laquelle il voulait descendre dans une grotte, tomba de trente pieds de haut sur des pierres et se tua.

Il ne serait guère possible de fixer d'une manière précise le nombre des malheureux qui ont ainsi péri. Ce qu'il y a de certain, c'est qu'il en manquait très souvent à l'appel, et qu'on en a trouvé plusieurs qui paraissaient avoir été tués par suite de chutes, surtout lorsqu'ils voulaient gravir des rochers escarpés pour y prendre des hirondelles de mer qui font leurs nids dans les fentes de ces rochers. Il arrivait même, lorsque la faim pressait les soldats, que quelques-uns se rendaient, à la nage, dans des îlots, pour aller à la chasse des oiseaux de mer qui posaient plus volontiers sur ces îlots depuis que l'arrivée des prisonniers les avait effarouchés. Quelquefois aussi, lorsque la mer était trop agitée, les soldats étaient contraints d'y rester jusqu'au retour du calme; alors ils n'avaient pour toute nourriture que les oiseaux qu'ils pouvaient surprendre à la faveur de la nuit.

Le 24 juin 1810, le commandant des canonnières exigea qu'on lui remît tous les instruments de fer que les Français pouvaient posséder pour leur usage, tels que couteaux, ciseaux, etc. Le 27, cet ordre n'ayant point encore reçu son exécution, le commandant des canonnières écrivit à M. le commandant Duval, capitaine de la frégate :

MONSIEUR,

L'ordre verbal que je vous ai donné de me faire remettre tous les instruments de charpentier, s'étend aujourd'hui à tous les instruments de fer, excepté les rasoirs et les couteaux de table. Plusieurs circonstances m'obligent à vous dire que si vous n'exécutez pas cet ordre, je serai forcé d'employer l'autorité que j'ai. Je crois que vous serez plus jaloux de l'existence et de la sûreté de chacun, que de la possession d'un instrument de fer. A quatre heures de cet après-midi, mon ordre doit être exécuté. Vous ne me répondrez pas par écrit, et vous ne chercherez aucun délai, car à l'heure que je vous marque, je commencerai par faire feu partout où j'apercevrai des prisonniers, si vous n'avez pas obéi.

Dieu vous garde, Monsieur.

Nous allons faire connaître les motifs qui ont donné lieu à cet ordre et à cette lettre. Depuis le retour à Cabréra, plusieurs officiers de marine formèrent le projet de briser leurs fers, à quelque prix que ce fût. Ils eurent l'idée de construire, dans le plus grand secret, un bateau assez grand pour contenir vingt-cinq à trente personnes. Ils choisirent pour leur atelier un enfoncement pratiqué dans un rocher qui leur parut être à l'abri de toute recherche. Depuis plus d'un mois ils travaillaient avec ardeur à la construction de ce petit bâtiment ponté; ils étaient sur le point de le lancer à la mer, lorsque le commandant des canonnières en fut averti par un lâche délateur. Il envoya de suite une force armée s'emparer du bâtiment. Elle saisit M. Girodias, officier des marins de la garde, et plusieurs autres marins. M. Girodias fut envoyé, sous bonne escorte, à la junte de Palma. Il eut à subir plusieurs interrogatoires, dans lesquels il démontra que l'évasion des prisonniers, injustement détenus par suite de la violation d'une capitulation, était de droit naturel. Il fut relâché.

Le lecteur jugera, par la circonstance suivante, du degré d'animosité avec laquelle les Espagnols s'appliquaient à tourmenter les Français. Lorsque les premiers se rendirent àla caverne où le bateau était en construction, dans l'intention de surprendre ceux qui y travaillaient, ils rencontrèrent sur leur chemin deux soldats qu'ils obligèrent de monter sur le rocher qui domine l'entrée de cette caverne, avec menace de les tuer, s'ils ne faisaient point rouler des pierres sur leurs camarades à mesure qu'ils en sortiraient. Le retard que les Français mettaient à sortir les impatienta tellement, qu'ils allaient pénétrer dans la grotte, qui renfermait les officiers et soldats, pour les surprendre et les massacrer, lorsque, heureusement, l'officier espagnol arriva, et empêcha, par sa présence, leur homicide projet.

Dans les premiers jours de juillet 1810, d'autres soldats, affaissés sous le poids de la misère, dénoncèrent aux Espagnols d'autres petits bateaux que l'on construisait en secret; et le 4 de ce mois les Espagnols firent une nouvelle perquisition dans nos baraques, pour s'emparer de tous les instruments de fer que nous pouvions posséder.

Le brick anglais qui croisait depuis quelque temps devant Cabréra, revint de Mahon le 7 juillet 1810. Le capitaine qui le commandait donna comme certain le prochain départ des Français de Cabréra, sans préciser leur destination future. Parmi les officiers qui avaient eu le bonheur de sauver quelque peu d'argent dans les différentes fouilles, plusieurs s'étaient entendus avec des Espagnols pour les faire évader, et les conduire en France. Le prix du voyage était fixé à cinq onces d'argent par personne, payables seulement une fois rendu sur le bateau. Le jour du départ était fixé. Par hasard ces officiers vinrent à découvrir que les Espagnols, qui avaient pris l'engagement de les faire sauver, avaient aussi formé le projet de les massacrer, et s'étaient, à cet effet, embusqués dans un lieu où les fugitifs devaient passer. Cet horrible complot fut découvert à temps.

Malheureusement, pour ce qui regarde le moral, les prisonniers trouvaient peu de ressource et de protection dans l'aumônier qui leur avait été envoyé par la junte de Palma; s'il ne s'associait pas ouvertement aux mauvais procédés de ses compatriotes, il n'usait point des droits de son ministère, et de l'empire d'une religion de paix et de douceur pour les empêcher. Cette conduite de la part d'un ministre de l'Evangile, remplissait leurs jours d'amertume. Les prisonniers eurent plusieurs fois l'occasion d'être témoins de sa tiédeur à les défendre. Mais, dans l'excès de leurs chagrins, tout en plaignant cet ecclésiastique de n'être point à la hauteur de ses saintes fonctions, ils n'étaient point assez injustes pour confondre les procédés et la conduite d'un individu, avec cet esprit d'indulgence, de résignation et de douceur qui caractérise la masse des ministres d'un Dieu de paix. Ils voyaient dans leur aumônier, non le prêtre chargé de leur apporter des consolations, et d'adoucir les jours de leur esclavage, mais l'homme cédant au torrent, et influencé par des préjugés, et par la haine momentanée de sa nation contre les Français.

Le 28 juillet, dans l'après-midi, tous les officiers et une partie des sous-officiers s'embarquèrent à la vue de nos malheureux soldats.

RELATION D'UN SOLDAT (1).

Un mois après le départ de nos officiers (28 juillet 1810), nous sommes restés pendant sept jours sans vivres. Les Anglais, prenant pitié de nous, ont jeté à la mer des tonneaux de biscuit et de viande salée qui nous ont rendus la vie. Dans ces jours d'angoisses, les restes de plus de quatre cents prisonniers descendirent dans la Vallée des morts. Ceux qui creusaient les fosses de leurs camarades tombaient au milieu de leur travail, la face contre terre.

Un mois après, une frégate espagnole est venue remplacer à Cabréra les deux canonnières qui nous gardaient dans les mois de mai et de juin. La ration de vivres, qui se composait d'une livre et demie de pain, de six onces de fèves et d'une demi-once d'huile, était assez régulièrement apportée et distribuée.

Au commencement d'avril, nous avons été neuf jours sans recevoir de vivres; ce n'est que le neuvième jour à minuit que la barque aux vivres a atterri à Cabréra. Mais notre provision générale n'était suffisante que pour un jour, et le pain

(1) Extrait du même ouvrage que la précédente relation.

qu'on nous avait apporté était tellement moisi, *qu'il avait de la barbe aussi longue que le doigt.*

Nous ressemblions, dans toute l'étendue du terme, à des sauvages; les individus des deux sexes n'avaient pas le vêtement nécessaire pour conserver même les dehors de la stricte pudeur. Beaucoup d'entre nous *se traînaient à quatre pattes* pour chercher des orties sauvages ou d'autres racines, faibles ressources pour apaiser les fureurs de la faim. On ne pourra nous taxer d'exagération lorsque nous assurerons que pendant ces neuf jours, plus de huit cents individus sont morts, les uns d'inanition et les autres empoisonnés par ces végétaux.

Trois soldats revenaient un jour de la recherche de ces plantes dangereuses, deux tombèrent morts sur le seuil de leur cabane, et le troisième ne s'y traîna avec effort que pour expirer le lendemain sous cet abri.

Dans le fort de la disette, ce qu'il y avait de plus poignant pour nous, était d'apercevoir la barque de vivres, stationnaire à l'horizon, qui semblait nous narguer. Pour comble de perfidie, nous remarquions, fiché au haut du mât, un pain de munition dont la vue nous serrait le cœur et l'estomac. L'homme égoïste chargé de nos approvisionnements s'amusait à pêcher, tandis que nous sentions la faim. A son arrivée, nous nous emportions en reproches amers contre lui. Cependant le commandant de la frégate espagnole, instruit de ce retard, menaça l'approvisionneur de le dénoncer à la junte, et de le faire punir rigoureusement s'il lui arrivait désormais de n'être pas plus exact: cette menace produisit un effet salutaire, car, par la suite, les vivres arrivèrent plus régulièrement.

Vers le mois de juillet 1812, ce capitaine nous fit cadeau d'une livre de graine de tabac, d'une livre de graine de choux et de quelques touffes de pommes de terre pour ensemencer. Il était difficile de remuer, sans instruments de fer, un terrain sec et rocailleux; alors on employa, pour parvenir à un résultat satisfaisant, la manière suivante de procéder. On se réunissait au nombre de six à huit. Les uns soulevaient les pierres avec leurs mains; les autres, avec des cailloux, creusaient le sol et le rendaient, autant que possible, propre à recevoir les graines. A force de persévérance, nous vînmes à bout de terminer notre pénible besogne, et nous eûmes la satisfaction de voir nos efforts récompensés par une petite récolte. Le tabac, les choux et les pommes de terre prenaient assez bien dans le terrain pierreux de Cabréra.

Le besoin donne de l'industrie aux plus paresseux. Quelques-uns, en ramassant certains roseaux desséchés, conçurent l'idée d'en tresser quelques ouvrages, imitant une espèce de sparterie grossière. Le chef des approvisionnements, dont le caractère s'était radouci, parut content des échantillons de ce travail; il se chargea d'en procurer le débit à Majorque. Il nous rapporta en échange quelques légers outils, qu'il crut indispensables pour cette sorte de travail, et quelques couteaux qui lui avaient été instamment demandés pour façonner des boutons dont la matière était les os desséchés de nos compatriotes.

Le cercle des travaux s'agrandit; l'entrepreneur des vivres y trouvait son compte; nous profitions de cet arrangement. Enfin ceux qui avaient autrefois exercé les métiers de tailleurs, de cordonniers, trouvaient, grâce à l'intérêt qui se mêle en tout, de quoi se rendre utiles à eux et aux autres dans des ouvrages de leur ancienne profession.

Au commencement de 1813, le terrain ensemencé avait déjà procuré une récolte abondante. On fut assez prudent pour employer tout le résultat de cette récolte à une seconde culture, en sorte que sur la fin de 1813, l'industrie des Français avait créé dans Cabréra une colonie où tout le monde trouvait de quoi se nourrir assez abondamment sans avoir un besoin absolu des Espagnols, ce qui ne contribuait pas peu à accroître notre amour-propre. Le travail était classé et réglé avec beaucoup d'ordre. Les ouvriers tailleurs, cordonniers, perruquiers n'étaient point tenus de se livrer à la culture, ils étaient défrayés de leurs travaux particuliers avec le produit de ceux qui cultivaient. Chacun respectait religieusement le terrain de son voisin. Nous étions organisés par brigade de deux cents hommes sous les ordres d'un sergent-major. L'obéissance était une obligation rigoureuse qui ne souffrait aucune réflexion. Obéir et se taire, telle était la loi commune.

L'eau saumâtre des puits qui nous servait à arroser nos petits jardins était employée en guise de sel et d'eau douce pour cuire nos légumes. Il est cependant une incommodité dont nous éprouvions toute la rigueur; l'humidité des nuits nous faisait regretter quelques couvertures ou quelques nattes de paille ou de la paille seulement pour nous coucher; nous étions obligés de reposer nos membres épuisés sur le sol nu; heureusement que le temps et le frottement nous avaient rendu la peau du corps aussi dure que celle de la plante des pieds.

La fontaine de Cabréra ne procurait pas une quantité d'eau suffisante. Deux soldats avaient remarqué dans une vallée voisine de l'île des Lapins, une espèce de suintement d'eau qui leur parut douce et salubre. Ils se mirent de suite à creuser à la base du rocher empreinte de l'humidité, espérant procurer une issue à l'eau: mais que cette opération fut longue et pénible! Ce ne fut que plus de six mois après, et par l'effet d'une persévérance inouïe à continuer cette opération, qu'à l'aide de pierres et d'un couteau qu'on ménageait avec soin, on parvint à creuser à la profondeur de six pieds dans le roc, et à faire jaillir en ligne droite un filet d'eau de la grosseur d'une baguette de pistolet. Ce ne fut encore que neuf mois après, en dégradant successivement le terrain avec une patience sans égale, qu'on obtint un filet d'eau de la grosseur du doigt.

L'eau devenait donc assez abondante, par la suite d'une distribution judicieusement et impartialement faite. Personne n'avait le droit de se plaindre. Lorsque la mer était mauvaise, et que la frégate espagnole ne recevait pas la provision d'eau de Majorque, nous pouvions, à la rigueur, y suppléer. Les deux auteurs d'une découverte aussi précieuse étaient spécialement chargés de l'approvisionnement de l'eau. Cette importante fonction leur était bien légitimement acquise. Si, dans le commencement de notre séjour à Cabréra, nous eussions possédé des outils et de la poudre pour faire sauter des quartiers de rochers, nous eussions pu nous procurer facilement une abondante provision d'eau.

Avant la fin de 1813, époque à laquelle quelques prisonniers qui avaient été perruquiers ont fini par se procurer des rasoirs, nous ressemblions à une réunion de graves personnages de l'antiquité, qui se faisaient remarquer par une barbe longue. Les plus décorés étaient ceux qui conservaient encore quelques lambeaux des cinq cents chemises, vestes et pantalons que les Anglais avaient distribués le 20 mai 1810 aux plus nécessiteux. Quelques débris de pantalons et d'habits, qui n'avaient rien conservé de leur ancienne figure, tels étaient les plus beaux ornements, qui trahissaient souvent les formes, on ne peut pas dire athlétiques, des nouveaux insulaires.

Pendant tout le temps que nous sommes restés à Cabréra, nous n'y avons vu d'autre autorité espagnole qu'un commissaire, qui venait tous les mois passer la revue des prisonniers. Sa présence avait moins pour but d'améliorer notre sort que de réduire le nombre des rations à l'effectif présent des hommes, dont le nombre diminuait à vue d'œil tous les mois.

Depuis le mois de juin 1810 jusqu'à la fin de 1813, il est arrivé à Cabréra 2,500 prisonniers en quatre transports, venant du continent espagnol. De ce nombre, environ 1500 ne pouvant supporter les souffrances et les privations se sont engagés ou dans les rangs des Suisses ou des Espagnols, ce qui était sans doute le dernier degré d'humiliation, mais dans ce nombre il y avait beaucoup d'étrangers.

Nous n'avions en perspective que la mort, lorsque, dans les premiers jours de novembre 1814, un de nos camarades, qui était sur un rocher, aperçut en mer deux frégates portant pavillon blanc : l'une se dirigeait sur Majorque, et l'autre arrivait droit à Cabréra. Rien ne saurait peindre notre surprise, lorsque nous vîmes la frégate entrer et mouiller dans le bassin de Cabréra. Nos espérances, cette fois, ne furent pas trompées : la frégate venait mettre un terme à des malheurs dont la durée et l'intensité défient les expressions les plus énergiques.

Les consolations prodiguées par nos libérateurs, le soin qu'ils prirent de nous vêtir eux-mêmes, leur émotion, tout nous fit bientôt passer d'un état déplorable à un bien-être qui ne peut être senti bien vivement que par ceux qui ont connu l'infortune.

Dans les transports de notre joie et de notre reconnaissance, nous résolûmes, d'une commune voix, de faire un *auto-da-fé* de nos baraques, et de quitter, à la lueur de ce feu de joie, une île si longtemps témoin de nos malheurs.

Sur près de neuf mille prisonniers, environ six à sept cents dont près de cinq cents officiers, sont partis sur la fin de 1810 pour l'Angleterre, quinze cents de différentes nations ont pris du service dans les troupes suisses et espagnoles. Nous restions à peu près *deux mille* à Cabréra, lorsque la Providence a marqué de sa miséricorde le terme de nos maux.

GLORIEUSE RETRAITE

DU 116e RÉGIMENT

GLORIEUSE RETRAITE DU 116e RÉGIMENT (1).

(JUILLET 1808.)

Un convoi de Français venait d'être massacré par des bandes espagnoles à Cuença. C'était quelque temps avant la funeste affaire de Baylen, suivie de la capitulation par laquelle le général Dupont couvrit son nom, si brillant jusqu'alors, d'un tache ineffaçable.

Dès qu'il fut instruit de cet acte de barbarie, il détacha de sa petite armée, comptant au plus un effectif fort disséminé de 18 à 20,000 hommes et 38 pièces de canon, une force suffisante pour en aller punir les auteurs.

Elle consistait en un escadron de chasseurs, deux pièces de 4 et un régiment d'infanterie, le 116e de ligne, nouvellement créé, et composé de 4 bataillons venant d'autant de régiments.

Cette expédition terminée, le colonel Rouelle, qui la commandait, se dirigeait donc sur Baylen par Ocana, lorsque, arrivé à Madridejos, et au moment d'y entrer, il rencontre un parlementaire espagnol,

(1) Publié d'abord par le *Spectateur militaire*, et reproduit à la fin des *OEuvres du Maréchal Bugeaud* (Paris, Baudoin, 1883, in-8). Comme on le verra dès la page suivante, nul mieux que le maréchal n'avait qualité pour conter ce beau fait d'armes.

accompagné du capitaine Villoutreys, aide de camp du général Dupont.

Le capitaine Villoutreys avait été envoyé par son général à Madrid pour y porter la capitulation; en s'y rendant, il devait faire mettre bas les armes à tous les corps de l'armée qu'il avait ordre d'instruire du traité conclu avec le général Castanos.

Déjà il avait obtenu l'obéissance et la soumission de la divison Vedel et de la division Dufour (ci-devant Gobert), à laquelle appartenait le 116e; mais il n'en devait pas être de même avec le chef de ce régiment, l'intrépide Rouelle.

Malgré les sommations, Rouelle refuse de se rendre; mais, ne voulant pas assumer sans conseil la responsabilité qu'entraînait sa désobéissance, il fait battre à l'ordre, et réunit au centre du régiment les officiers et les sergents-majors.

" Messieurs, leur dit-il, je vous ai convoqués à „ une espèce d'assemblée de famille pour vous „ informer des événements déplorables qui viennent „ d'avoir lieu, et prendre votre avis. „

Il leur fait ensuite le récit de ce qui s'est passé à Baylen; et il ajoute: " On veut nous forcer à nous „ rendre, nous qui n'étions pas à cette malheureuse „ affaire, nous dont on n'a pu disposer que par un „ abus de pouvoir et un excès de lâcheté, nous „ enfin qui avons des armes! Le souffrirons-nous, „ mes amis?... „

Ces paroles sont suivies d'un murmure approbateur; mais personne n'élevait la voix, lorsque le sous-lieutenant de voltigeurs Bugeaud, s'avançant au milieu du cercle: " Mon colonel, s'écrie-t-il,

„ puisque vous nous avez appelés pour nous consulter, et qu'il nous est permis d'exprimer notre „ opinion, je vous dirai, au nom de tous, que nous „ partageons votre sentiment. Nous regarderions „ comme une honte de nous rendre quand la retraite est si facile. Que dirait l'Empereur s'il apprenait qu'une colonne de 4 bataillons et d'un „ escadron a déposé les armes sans combat, lorsqu'il lui restait un moyen de salut? Ordonnez la „ retraite, mon colonel, nous vous suivrons; et, „ pour ma part, je demande que ma compagnie ait „ l'honneur de faire l'arrière-garde jusqu'à notre „ arrivée à Madrid.

„ — Est-ce votre avis à tous? demande le colonel.

„ — Oui, mon colonel, oui! s'écrie-t-on. Et que „ Bugeaud commande l'arrière-garde !

„ — Eh bien, mon cher Bugeaud, dit le colonel, „ qu'il en soit fait ainsi. Vous ferez l'arrière-garde „ avec votre compagnie, puisque vous la commandez si bien depuis que nous avons perdu votre „ capitaine et votre lieutenant. Quels sont les „ moyens que vous proposez? — D'abord, nous devons nous débarrasser de tous nos bagages, et „ remplir nos sacs de cartouches et de pains que „ nous trouverons facilement à Madridejos: une „ forte corvée pourra les y aller chercher pendant „ que la colonne prendra position en dehors de la „ ville. Ensuite, nous attendrons la nuit pour commencer la retraite. „

Cette motion étant adoptée, une corvée armée de 5 ou 600 hommes, et commandée par des officiers, entre en bon ordre dans Madridejos, où l'on convoque immédiatement sur la place les autorités civiles. Une colonne de 200 prisonniers français venait d'y arriver sous la conduite d'une escorte. On disperse l'escorte, et l'on donne aux prisonniers les armes et les munitions qu'on trouve dans les couvents, toujours abondamment pourvus.

Dès le second jour de la retraite, par une chaleur extrême, la colonne eut à repousser les attaques d'un corps espagnol, composé d'infanterie, de paysans armés et de dragons. Ces derniers surtout harcelaient continuellement l'arrière-garde; et,pour ne pas être coupé du côté de Madrid, le colonel Rouelle se voyait obligé de prendre position à chaque instant et les 2 pièces de campagne, toujours placées à l'arrière-garde, aidaient de leur mieux les voltigeurs à tenir en respect les ennemis.

Bientôt le manque d'eau se fit sentir d'une manière affreuse, et tous les chevaux périrent: les cavaliers formèrent alors des pelotons d'infanterie, et les officiers supérieurs du 116e furent réduits à présider à pied aux soins si pénibles du commandement dans une retraite. Le colonel Rouelle, qui était âgé, et dont l'obésité rendait la marche pénible, s'appuyait sur les bras de deux officiers que leurs camarades relevaient à tour de rôle. Il était fort aimé de son régiment, et les soldats lui offrirent souvent de le porter.

Les mules qui traînaient la batterie régimentaire résistèrent plus que les chevaux; mais elles périrent aussi, et elles furent remplacées par des hommes de bonne volonté qui s'attelèrent aux pièces.

De son côté, l'ennemi souffrait aussi de la chaleur et du manque d'eau ; sa poursuite que ne soutenait plus sa cavalerie démontée, se ralentit donc peu à peu, si bien qu'arrivé à Aranjuez, le colonel Rouelle, ne jugeant pas nécessaire de garder sa petite artillerie qui embarrassait sa marche, la fit enclouer et jeter dans le Tage.

La colonne était alors bien diminuée : marchant nuit et jour, combien de cadavres n'avait-elle pas semés sur sa route depuis le commencement de cette héroïque retraite ! La lassitude était devenue telle, que beaucoup d'hommes se couchaient sur la route, et refusaient d'aller plus loin, au risque de tomber entre les mains de leurs cruels ennemis, dont ils n'avaient à espérer aucun quartier.

Durant ce pénible trajet de plus de 30 lieues, on n'avait pas trouvé une goutte d'eau, et presque pas un arbre dans la campagne, pas un habitant dans les petites villes et villages qu'on avait traversés. C'était à peine si l'on avait pu mettre la main sur quelques sacs de farine et quelques outres de vin qu'on avait réussi à découvrir à force de recherches dans ces lieux abandonnés.

A Aranjuez, distant de Madrid d'environ 15 lieues, on put prendre un peu de repos et des vivres dont on avait si grand besoin. Le colonel Rouelle envoya alors, de cette ville, par une ordonnance, une lettre au maréchal Jourdan, major général de l'armée, résidant à Madrid. Il lui expliquait sa conduite, et lui demandait ses ordres, en le prévenant qu'il continuait sa marche vers la capitale.

Il y arriva trois jours après.

Lorsque cette valeureuse troupe fut en vue de Madrid, un aide de camp envoyé par le maréchal Jourdan vint prévenir le colonel Rouelle que la révolte avait éclaté dans la ville, et que le petit corps de troupes qui la gardait avait été obligé de prendre position sur les hauteurs environnantes. Le maréchal ordonnait, en conséquence, au colonel Rouelle, de ne pas entrer dans Madrid, mais de tourner la ville en longeant le cours, qui forme comme une espèce de boulevard extérieur, et de faire, dans ce trajet, le moins de bruit possible.

On peut deviner qu'ils furent reçus à bras ouverts par le petit corps de Jourdan qu'ils venaient renforcer. Le colonel Rouelle obtint l'approbation du maréchal.

Mais le héros de cette retraite, d'après l'aveu de tous, fut Bugeaud, qui s'était si vaillamment distingué dans la conduite de l'arrière-garde. Les soldats lui prédirent, dès ce moment, les hautes destinées qu'il a depuis accomplies. On peut nous croire, car nous tenons ce fait du sergent-major de sa compagnie, actuellement capitaine en retraite; ses voltigeurs lui dirent, à cette époque, qu'il serait un jour maréchal de France.

Parmi les officiers du 116e, quatre devinrent ensuite généraux: le colonel Rouelle, les sous-lieutenants Roussel, Marcel, et Coman. Honorons et conservons la mémoire de la seule troupe qui ait si glorieusement repoussé la capitulation de Baylen.

PIÈCES JUSTIFICATIVES

PIÈCES JUSTIFICATIVES

N° 1

CAPITULATION DE BAYLEN

Leurs EE. MM. le comte de Tilly et le général Castanos, commandants en chef de l'armée d'Andalousie, voulant donner une preuve de leur haute estime à S. E. M. le général Dupont, grand aigle de la Légion d'honneur, commandant en chef l'armée d'observation de la Gironde, ainsi qu'au corps sous ses ordres, pour la belle et glorieuse défense qu'ils ont faite contre une armée infiniment supérieure en nombre. et qui les entourait de toutes parts; sur la demande de M. le général de brigade Chabert, commandant de la Légion d'honneur. chargé de pleins pouvoirs de S. E. le général en chef de l'armée française; en présence de S. E. M. le général Marescot, grand aigle de la Légion d'honneur, et premier inspecteur du génie; sont convenus des articles suivants:

ARTICLE PREMIER.

Les troupes françaises sont prisonnières de guerre, la division du général Védel, et autres troupes françaises en Andalousie, exceptées.

ART. 2.

La division du général Védel, et toute la troupe généralement en Andalousie, n'étant pas dans la position des troupes comprises dans l'art. précédent, évacueront l'Andalousie.

ART. 3.

Les troupes comprises dans l'art. 2 conserveront généralement tous leurs bagages, et, pour éviter tout sujet de trouble pendant la marche, elles remettront leur artillerie, train et autres armes, à l'armée espagnole, qui s'engage à les leur remettre au moment de leur embarquement.

ART. 4.

Les troupes comprises dans l'art. premier sortiront de leur camp avec les honneurs de la guerre; chaque bataillon ayant deux canons en tête; les soldats armés de leurs fusils, qui seront déposés à quatre cents toises du camp.

ART. 5.

Les troupes de M. le général Védel, devant déposer les armes, les placeront en faisceaux sous leur front de bandière; elles y laisseront aussi leur artillerie et train; il en sera dressé procès-verbal par des officiers des deux armées, et le tout leur sera remis comme il en est convenu par l'art. 3.

ART. 6.

Toutes les troupes françaises en Andalousie se rendront à San-Lucar et à Rota, par journées d'étape, qui ne pourront excéder quatre lieues de poste, avec les séjours nécessaires, pour être embarquées sur des vaisseaux ayant équipages espagnols, et transportées en France, au port de Rochefort.

ART. 7.

Les troupes françaises seront embarquées sitôt après leur arrivée. L'armée espagnole assure leur traversée contre toute expédition hostile.

ART. 8.

MM. les officiers généraux, supérieurs et autres, conserveront leurs armes, et les soldats leurs sacs.

ART. 9.

Les logements, vivres et fourrages, pendant la marche et la traversée, seront fournis à MM. les officiers généraux et autres y ayant droit, dans la proportion de leur grade, et sur le piéd des troupes espagnoles en temps de guerre.

ART. 10.

Les chevaux de MM. les officiers généraux, supérieurs, ainsi que de tout l'état-major, dans la proportion de leur grade, seront transportés en France, et nourris sur le pied de guerre.

ART. 11.

MM. les officiers généraux conserveront chacun

une voiture et un fourgon, et MM. les officiers supérieurs et l'état-major, une voiture seulement, sans être soumis à aucun examen, mais sans contrevenir aux règlements et lois du royaume.

ART. 12.

Sont exceptées de l'art. précédent les voitures prises en Andalousie, dont l'examen sera fait par M. le général Chabert.

ART. 13.

Pour éviter la difficulté d'embarquer les chevaux des corps de cavalerie et d'artillerie, compris dans l'art. 2, lesdits chevaux seront laissés en Espagne, et seront payés, d'après l'estimation de deux commissaires français et espagnol, et acquittés par le gouvernement espagnol.

ART. 14.

Les blessés et malades de l'armée française, laissés dans les hôpitaux, seront traités avec le plus grand soin, et seront transportés en France sous bonne et sûre escorte, aussitôt après leur guérison.

ART. 15.

Comme dans plusieurs endroits, notamment à l'assaut de Cordoue, plusieurs soldats, malgré les soins de MM. les officiers généraux et les ordres de MM. les officiers, se sont portés à des excès, qui sont une suite inévitable des assauts, MM. les officiers généraux et autres prendront les mesures nécessaires pour découvrir les vases sacrés qui peuvent avoir été enlevés, et les rendre s'ils existent.

ART. 16.

Tous les employés civils, attachés à l'armée française, ne sont pas considérés comme prisonniers de guerre; ils jouiront cependant, pour leur transport en France, de tous les avantages de la troupe, dans la proportion de leur emploi.

ART. 17.

Les troupes françaises commenceront à évacuer l'Andalousie le 23 juillet, à quatre heures du matin. Pour éviter la grande chaleur, la marche s'effectuera de nuit, et se rapportera aux journées d'étape qui seront réglées par MM. les officiers chefs d'état-major français et espagnol, en évitant le passage de Cordoue et de Séville.

ART. 18.

Les troupes françaises, pendant la marche, seront escortées par des troupes espagnoles, à raison de trois cents hommes d'escorte pour une colonne de trois mille, et MM. les généraux seront escortés par des détachements de cavalerie de ligne.

ART. 19.

Les troupes, dans leur marche, seront toujours précédées par des commissaires français et espagnols, qui devront assurer les logements et les vivres nécessaires, d'après les états qui leur seront fournis.

ART. 20.

La présente capitulation sera portée de suite à M. le duc de Rovigo, commandant en chef les troupes françaises en Espagne, par un officier français, qui devra être escorté par des troupes de cavalerie de ligne espagnole.

ART. 21.

Il est convenu par les deux armées qu'il sera ajouté, comme articles supplémentaires à la capitulation, ce qui peut avoir été omis de ce qui pourrait augmenter le bien-être des troupes françaises pendant leur séjour en Espagne, et durant la traversée.

ARTICLES SUPPLÉMENTAIRES.

ART. 1er.

Il sera fourni deux charrettes par bataillon pour servir au transport des effets de MM. les officiers.

ART. 2.

MM. les officiers de cavalerie de la division du général Dupont conserveront leurs chevaux pendant la route seulement, et les laisseront à Rota, lors de l'embarquement, au commissaire espagnol qui sera chargé de les recevoir. La gendarmerie formant l'escorte de S. Ex. le général en chef jouira de la même faveur.

ART. 3.

Les malades qui sont dans la province de la Manche, ainsi que ceux qui pourraient se trouver en Andalousie, seront conduits dans les hôpitaux d'Andujar et autres qui paraîtront le plus propres à la convalescence, à mesure de leur guérison. Ils seront ensuite conduits à Rota pour être embarqués et transportés en France, sous la même garantie mentionnée dans l'article 4 de la capitulation.

ART. 4.

Leurs EE.MM. le comte de Tilly et le général Castanos, commandants en chef de l'armée espagnole en Andalousie, promettent d'intercéder leurs bons offices pour que le général Excelmans, le colonel Lagrange et le colonel Rosette, prisonniers de guerre à Valence, soient mis en liberté et transportés en France, sous la même garantie mentionnée dans l'article précédent.

Fait à Andujar, le 22 juillet 1808.

Signé : le comte DE TILLY, le général CASTANOS, commandants en chef de l'armée espagnole en Andalousie.

Le général MARESCOT, commis-témoin, et le général CHABERT, chargé des pleins pouvoirs du général en chef.

ARTICLES ADDITIONNELS

FAITS A SÉVILLE.

ART. 1er.

On a déjà sollicité, du roi d'Angleterre et de l'amirauté anglaise, des passe-ports pour la sûreté du passage des troupes françaises.

ART. 2.

L'embarquement s'effectuera sur des vaisseaux de l'escadre espagnole, ou sur tous autres bâtiments de transport qui seront nécessaires pour conduire le total des troupes françaises, au moins par division, à commencer par celle du général Dupont, et immédiatement après, celle du général Védel.

ART. 3.

Le débarquement s'effectuera sur les côtes du Languedoc ou de Florence, ou bien au port de Lorient, selon que le voyage sera jugé plus commode et plus court.

ART. 4.

On embarquera des vivres pour un mois et plus, afin de prévenir tous les accidents de la navigation.

ART. 5.

Dans le cas qu'on n'obtînt pas de l'Angleterre les passe-ports de sûreté qu'on a demandés, alors on traitera des moyens les plus propres pour le passage par terre.

ART. 6.

Chaque division des troupes françaises sera cantonnée sur différents points, dans un rayon de 8 à 10 lieues, en attendant que le susdit embarquement ait son effet.

Ainsi fait à Séville, le 6 août 1808.

Signé : XAVIER CASTANOS. Pour copie conforme : le colonel de l'état-major de la troisième division, *signé :* VIGIER.

N° 2.

JUSTIFICATION *faite à la nation espagnole par le capitaine-général de l'Andalousie et gouverneur de Cadix, relativement à sa conduite envers le général Dupont et les autres généraux français. (Traduction de l'espagnol.)*

Ayant reçu plusieurs lettres anonymes datées de différentes villes d'Espagne, et même de Madrid, par lesquelles on prétendait me convaincre qu'il était de mon honneur, comme de la justice et du bien de la nation, d'exterminer Dupont et les autres généraux français; quelques-unes de ces lettres ajoutant même que cette sanglante exécution devait s'étendre sur tous les prisonniers, je crois de mon devoir de rendre publiques les raisons qui m'ont empêché d'accéder à des désirs aussi cruels, et à m'opposer vigoureusement à leur exécution. Ce qui a comblé mon étonnement et ébranlé la confiance que j'ai dans mes propres lumières, en voyant que leur opinion était diamétralement opposée à la mienne, que je vais exposer avec franchise, afin qu'elle soit généralement connue.

Je n'exerce ni ne veux exercer aucun pouvoir suprême; c'est la junte de Séville qui décide par des raisons bien puissantes, et qui ne doivent pas être connues du public, de l'exportation de Dupont et des autres généraux français. Je n'ai eu qu'à obéir, puisqu'il n'entre point dans mon caractère, ni dans ma manière de penser, de résister à aucune autorité constituée, ce qui pourrait entraîner des dissensions civiles, qui sont les maux irrémédiables d'une nation, maux extrêmes, que je ferai toujours mon possible d'éviter : me glorifiant de ce motif puissant de ma conduite, comment pourrais-je adopter une vengeance aussi atroce, qui ne manquerait pas d'attirer les conséquences les plus terribles et les plus funestes?

Si Murat, si Dupont, si Junot et les troupes qu'ils commandaient ont assassiné, violé, dérobé et pillé jusqu'aux temples, ils l'ont fait sans ordres, ou d'après les ordres de leur souverain : dans le premier cas, il les punira, et dans le second, nous ne devons les châtier qu'au moment de l'action, où toutes les lois naturelles autorisent de résister à la force par la force; mais nous ne devons pas les égorger après qu'ils se sont rendus et qu'ils ont déposé les armes sur la foi d'une capitulation accordée par l'unique autorité légitime. En pareil cas, Napoléon ne manquerait pas d'user de représailles; et en conséquence, ne rendrions-nous pas victimes de sa vengeance tous ceux que sa politique ne voudrait pas conserver? Les exécutions sanglantes qui en résulteraient feraient pleurer amèrement toute la nation, même ceux qui présentement demandent le supplice de Dupont; alors vous me diriez: Morla! par ton âge, tes études, ton expérience, n'aurais-tu pas dû prévoir les funestes effets de nos désirs? Comment as-tu pu y accéder? N'as-tu pas vu qu'ils étaient produits par l'aspect des cruautés des Français, par les clameurs d'un vulgaire indiscret qui ne réfléchit jamais, qui ne voit que le moment présent, et qui se laisse aller à sa première impression? Si tu les as prévus, tu es un traître, et si tu ne les as pas prévus, tu es inepte.

Ce défaut de réflexion de la part du vulgaire, accoutumé à ne rien prévoir, lui fait approuver souvent les plus grandes sottises: voilà pourquoi les paysans, et surtout les femmes, maltraitent les prisonniers; ils en agissent ainsi, parce qu'ils ne sont pas exposés aux représailles, et ne pensent pas à celles que l'ennemi exerce à son tour, malgré la bravoure et l'honneur qui le défendent; mais celui qui est exposé à chaque instant à souffrir toutes les cruautés qu'un ennemi peut exercer sur lui par représailles, celui-là, dis-je, est ordinairement généreux et humain.

Nos fameux guerriers de Baylen,qui ont repoussé les attaques de l'ennemi, qui ont vu leurs camarades exhalant les derniers soupirs; qui, couverts de leur propre sang, et accablés par les fatigues et les privations, et témoins oculaires de la dépravation et des iniquités de leurs ennemis; ces mêmes guerriers, dis-je, ont déposé leur colère et pardonné à Dupont et à son armée aussitôt qu'ils eurent rendu leurs armes. Ils leur ont même accordé leurs équipages, en leur tendant magnanimement les bras.

Tel est l'effet que produit l'idée de se voir dans une semblable situation. Mais, au contraire, les habitants retirés du théâtre de la guerre, ceux qui sont exempts de la profession militaire, ceux qui veulent affecter une valeur qu'ils n'ont pas, faisant les fanfarons, critiquant les opérations militaires, et voulant faire croire qu'on trouverait en eux plus de bravoure et de connaissances, voilà les hommes qui, ne possédant que le courage des bourreaux, veulent en remplir les fonctions, en massacrant ceux que leurs généreux compatriotes ont vaincus; de même que les bourreaux, ils ne sont propres qu'à égorger l'homme sans défense et déjà soumis par la force militaire: de même, ceux qui dans la présente circonstance ont pillé les prisonniers, ne l'ont pas fait dans la noble intention de pourvoir l'Etat des moyens de continuer la guerre, ou de restituer ces vols à leurs véritables propriétaires, mais bien dans celle de s'approprier ce butin, contre toutes les lois et la probité; heureusement il n'y a eu que la vile populace qui se soit écartée de la noblesse et de la générosité qui caractérisent l'Espagnol.

Ne point offenser les prisonniers, ne point venger les injures sur les malheureux, pardonner avec grandeur d'âme, telles sont les vertus inséparables du caractère espagnol. Il n'y a que le vice enraciné, provenant d'une mauvaise éducation, et la plus grossière stupidité, qui soient capables de les effacer; d'un autre côté, depuis l'introduction du christianisme, toutes les nations civilisées ont adopté ces maximes d'un Dieu sauveur, mort pour nous racheter, qui, en expirant, priait son père pour ses bourreaux. Il n'y a que les barbares, qui n'ont pas adopté la sainte religion, qui rejettent cette loi divine, maltraitant, mutilant leurs prisonniers, et faisant, en un mot, tout ce qu'ils ne voudraient pas qu'on leur fît à eux-mêmes.

J'espère, braves Espagnols, que vous êtes trop soumis à la bonne doctrine que vos aïeux vous ont transmise, pour écouter à l'avenir des insinuations perfides, qui ne pourraient que vous égarer, et vous conduire à votre perte. Je me persuade que vous suivrez fidèlement les lois de notre divin Rédempteur, qui vous conserveront l'estime de vos ennemis, et celle de toutes les nations.

Signé : T. DE MORLA.

N° 3

HOMMAGE

RENDU A LA MÉMOIRE DES CAPTIFS DE CABRÉRA

PAR LA FLOTTE FRANÇAISE.

Extrait du *Moniteur universel* (12 juin 1847):

“ On écrit de Palma, le 3 juin :

„ L'escadre d'évolutions commandée par M. le Prince de Joinville vient de faire une courte apparition sur notre rade, et le peu d'heures qu'elle y a passées a été consacré à une simple et touchante cérémonie.

„ Le Prince de Joinville avait entendu dire l'année dernière que l'îlot de Cabréra, prison et tombeau des Français tombés aux mains des Espagnols à Baylen, était couvert des ossements de ces infortunés restés sans sépulture. Le temps lui avait manqué alors pour s'assurer de ce fait dont il ne fut informé qu'à l'instant même de mettre sous voiles. A peine mouillé hier sur la rade de Palma, le Prince envoya à Cabréra la corvette à vapeur *le Pluton* pour reconnaître la vérité de ce qui avait été porté l'an dernier à sa connaissance. Au retour de ce navire, l'ordre du jour suivant fut publié :

“ Le commandant en chef a été informé que l'on voyait sur plusieurs points de l'île de Cabréra des ossements sans sépulture, tristes restes de nos malheureux compatriotes faits prisonniers à Baylen et morts de misère sur ce rocher.

„ *Le Pluton* s'est rendu par ses ordres au mouillage de l'île. Les officiers et l'équipage, guidés par un Espagnol qui a assisté à la lente agonie de nos soldats, ont recueilli une grande quantité d'ossements qui gisaient sur le sol, exposés à toutes les insultes.

„ Demain, *le Pluton* retournera à Cabréra avec M. l'abbé Coquereau pour déposer ces tristes débris dans une sépulture chrétienne.

„ L'amiral propose à l'escadre de faire placer sur le lieu de la sépulture une pierre avec cette inscription :

„ *A la mémoire des Français morts à Cabréra,*
l'escadre d'évolutions de 1847.

„ En conséquence de cet ordre, *le Pluton* est retourné ce matin à l'île de Cabréra, et le commandant de ce navire est descendu à terre avec M. l'abbé Coquereau, aumônier de l'escadre, pour accomplir la religieuse mission qui leur avait été confiée. Nulle pompe, nul appareil militaire n'a été déployé pour donner à cette cérémonie funèbre un éclat qu'elle ne devait point avoir; seulement *le Pluton* a eu son pavillon à mi-mât et ses vergues en croix tout le temps qu'a duré le service divin et les prières pour les morts. Rien de plus touchant que de voir les quinze ou vingt cultivateurs qui forment toute la population de cet îlot sauvage, agenouillés à côté de nos matelots et s'unissant à leur pieux recueillement. La messe finie et les dépouilles de nos malheureux soldats rendues à la terre, une croix de bois a été placée sur la fosse qui les a reçues, en attendant la pierre qui doit la recouvrir.

„ Les officiers et les matelots n'ont pas voulu laisser à la générosité du Prince l'honneur de faire les frais de cette sépulture. Une souscription à laquelle tous ont pris part et qui s'est élevée à 2000 francs environ, en acquittera le prix.

INDEX ANALYTIQUE

Cet index servira de guide à ceux qui voudront se rendre promptement compte des faits exposés. Nos huit relations se rattachent au même drame; elles ont le mérite de l'éclairer sous toutes ses faces en laissant à chaque narrateur son originalité et sa valeur individuelle. Mais il devait nécessairement en résulter une certaine confusion dans l'ensemble. L'exposé des mêmes scènes recommence comme dans les témoignages d'un grand procès, avec des redites, mais aussi avec des variantes qu'il était nécessaire de grouper. C'est pourquoi nous avons établi des renvois destinés à faciliter toute recherche faite dans un but d'appréciation, sinon de contrôle.

A CABRÉRA.

ORDRE DES MATIÈRES

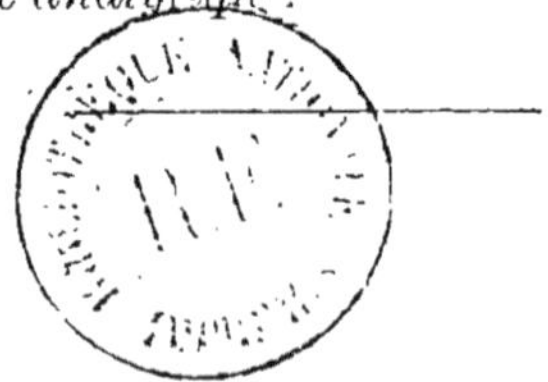

MÉMOIRES PATRIOTIQUES

publiés par Lorédan Larchey

Journal de marche d'un volontaire de 1792 (troisième mille). Paris, à la librairie 13, quai Voltaire. — 2 fr. 50.

Les cahiers du capitaine Coignet (troisième mille). Paris, à la librairie Hachette, 79, boulevard Saint-Germain. — 3 fr. 50.

Le même ouvrage, tirage à petit nombre sur papier vélin, avec gravures, fac-simile et quatre planches oblongues. — 6 fr.

Les ministères de la guerre et de l'instruction publique ont souscrit au *Journal de marche* que le *Bulletin de la réunion des officiers* du 27 mai 1882 appréciait ainsi : " C'est un livre d'éducation nationale qui devrait se trouver dans nos écoles et dans nos casernes. " *Les cahiers du capitaine Coignet* sont au premier Empire ce que le *Journal d'un volontaire* est à la première République. " Nulle part, dit encore le *Bulletin de la réunion des officiers* du 9 décembre 1882, on ne trouvera exposée plus véridiquement la vie militaire du temps. "

EN PRÉPARATION :

Récits de l'invasion de 1870

www.ingramcontent.com/pod-product-compliance
Ingram Content Group UK Ltd.
Pitfield, Milton Keynes, MK11 3LW, UK
UKHW020132220726
13923UKWH00001B/117